Danny Vinueza

Plataforma de gestión colaborativa para proyectos de investigación

Danny Vinueza

Plataforma de gestión colaborativa para proyectos de investigación

Descubre como la Metodología ágil SCRUM forma parte de un desarrollo de Software

Editorial Académica Española

Imprint

Any brand names and product names mentioned in this book are subject to trademark, brand or patent protection and are trademarks or registered trademarks of their respective holders. The use of brand names, product names, common names, trade names, product descriptions etc. even without a particular marking in this work is in no way to be construed to mean that such names may be regarded as unrestricted in respect of trademark and brand protection legislation and could thus be used by anyone.

Cover image: www.ingimage.com

Publisher:
Editorial Académica Española
is a trademark of
Dodo Books Indian Ocean Ltd. and OmniScriptum S.R.L publishing group

120 High Road, East Finchley, London, N2 9ED, United Kingdom
Str. Armeneasca 28/1, office 1, Chisinau MD-2012, Republic of Moldova, Europe
Printed at: see last page
ISBN: 978-613-9-40814-6

DEDICATORIA

Dedico este proyecto de titulación y el esfuerzo dedicado a lo largo de la carrera a mis queridos padres y a mi hermana quienes han sido la principal fuerza impulsadora de cada paso de mi travesía académica. Su inquebrantable apoyo y cariño han iluminado los caminos desafiantes y alentándome a alcanzar metas las cuales me plantee años atrás.

También dedico con una ternura infinita a mis abuelos que han estado pendientes en cada paso que he dado durante esta travesía académica. Sus ojos las cuales han estado con llenos de orgullo y sus palabras llenas de aliento han sido un faro constante, guiándome con sabiduría tanto durante esta carrera como a lo largo de la vida.

Y como no recordar a mis amigos y compañeros quienes, con el eco de la camaradería, sus consejos, risas y sus gestos de apoyo han sido la fuerza que han impulsado cada paso.

DANNY ALEXIS VINUEZA ZAVALA

AGRADECIMIENTO

Quiero expresar un profundo agradecimiento a todas las personas quienes han tenido un papel crucial en este desafiante camino. A todos ustedes familia, amigos, profesores y a mis seres queridos les entrego este proyecto como un testimonio de gratitud. Este logro no es solo mío sino también de aquellos que me han dado su apoyo y amistad en cada paso de mi carrera. Cerrando este capítulo con el corazón lleno de agradecimiento y la certeza de que gracias a ustedes este viaje ha sido más valioso y memorable de lo que jamás imaginé.

DANNY ALEXIS VINUEZA ZAVALA

ÍNDICE DE CONTENIDO

RESUMEN

Los proyectos de investigación desempeñan un papel fundamental en el avance tanto académico como científico. En esta línea, el trabajo actual propone la creación de una plataforma web diseñada para registrar y optimizar la gestión de dichos proyectos, proporcionando un repositorio de publicaciones de investigación, entre otras herramientas relevantes.

Este proyecto se fundamenta en la metodología ágil SCRUM. Para el desarrollo del *backend*, se emplea PostgreSQL como base de datos, junto con Node.js y el *framework* Express. Los principales *endpoints* para el usuario permiten gestionar proyectos, invitar o solicitar colaboración en ellos, con opciones de aceptación o rechazo. Además, se designa un administrador con capacidad para visualizar y eliminar usuarios o proyectos. Se implementa también OAuth para autenticación y autorización de usuarios, asegurando un alto nivel de seguridad en el sistema.

El documento se estructura de la siguiente manera: el primer capítulo identifica la necesidad de una plataforma de Gestión Colaborativa para Proyectos de Investigación, estableciendo objetivos, alcance y marco teórico. En el segundo capítulo se detalla la implementación de la metodología Ágil SCRUM, la interacción con PostgreSQL y NodeJs, así como el uso de herramientas y librerías importantes para el desarrollo del *backend*. El tercer capítulo describe las tareas desarrolladas en cada uno de los módulos, así como los resultados obtenidos en cada iteración (*Sprint*). Finalmente, se exponen las conclusiones y recomendaciones derivadas del proceso de desarrollo y despliegue del proyecto.

PALABRAS CLAVE: Node.js, Express, *backend*, Postman, SCRUM.

ABSTRACT

Research projects play a fundamental role in both academic and scientific advancement. In this vein, the current work proposes the creation of a web platform designed to register and optimize the management of such projects, providing a repository of research publications, among other relevant tools.

This project is based on the agile SCRUM methodology. For the development of the backend, PostgreSQL is used as the database, along with Node.js and the Express framework. The main endpoints for the user allow them to manage projects, invite or request collaboration on them, with options for acceptance or rejection. Additionally, an administrator is designated with the ability to view and delete users or projects. OAuth is also implemented for user authentication and authorization, ensuring a high level of security in the system.

The document is structured as follows: the first chapter identifies the need for a Collaborative Management Platform for Research Projects, establishing objectives, scope, and theoretical framework. The second chapter details the implementation of the Agile SCRUM methodology, the interaction with PostgreSQL and NodeJs, as well as the use of important tools and libraries for backend development. The third chapter describes the tasks developed in each of the modules, as well as the results obtained in each iteration (Sprint). Finally, conclusions and recommendations derived from the development and deployment process of the project are presented.

KEYWORDS: Node.js, Express, backend, Postman, SCRUM.

1 DESCRIPCIÓN DEL COMPONENTE DESARROLLADO

En el ámbito educativo, los proyectos de investigación desempeñan un papel fundamental en el desarrollo de habilidades académicas y científicas [1]. Sin embargo, la gestión eficiente de estos proyectos presenta un desafío significativo para los usuarios que colaboran en los proyectos.

Actualmente, existen diversas propuestas de desarrollo en la educación que se centran en el Aprendizaje Colaborativo Soportado por Computadora (CSCL). Esto permite a los usuarios aprender a través del intercambio y la discusión de ideas para resolver tareas, fomentando así el diálogo y la reflexión de las propuestas de sus compañeros [2]. Sin embargo, algunas de las plataformas existentes suelen tener costos asociados, requieren conocimientos de programación para su adaptación a las necesidades específicas de la institución o deben ser configuradas de manera especial para aprovechar al máximo sus funcionalidades [3]. Esto puede generar limitaciones y dificultades en su implementación y uso efectivo.

En este contexto, se evidencia la necesidad de desarrollar una plataforma de gestión colaborativa específicamente diseñada para proyectos de investigación. Esta plataforma servirá como un entorno virtual integrado donde los usuarios podrán gestionar de manera efectiva sus proyectos, colaborar con otros miembros del equipo, acceder a recursos y herramientas necesarias, y realizar un seguimiento adecuado del progreso de su investigación.

La plataforma propuesta busca optimizar la gestión de los proyectos de investigación, brindando funcionalidades como la gestión de tareas, seguimiento de avances, compartición de documentos, comunicación entre los participantes y herramientas de colaboración en línea.

Por lo tanto, el *backend* se ha desarrollado con una estructura de API REST utilizando Node.js y el *framework Express*. Esto permite la creación de varios puntos de entrada para ser consumidos por el usuario. Además, cuenta con *oauth* para la protección de los *endpoints*, evitando así el acceso indebido a los datos guardados. La plataforma se enfoca en ser una herramienta intuitiva y de fácil acceso para los usuarios, eliminando barreras técnicas y facilitando su adopción y uso eficiente.

1.1 Objetivo general

Desarrollar el *backend* de una plataforma de Gestión Colaborativa para Proyectos de Investigación.

1.2 Objetivos específicos

- Identificar y documentar los requerimientos del *backend* de la plataforma.
- Diseñar la arquitectura del *backend* de la plataforma.
- Diseñar la base de datos relacional.
- Codificar los diferentes *endpoints* de la plataforma.
- Realizar pruebas del *backend* para identificar y solucionar cualquier error o problema funcional antes de su implementación.
- Desplegar el *backend*.

1.3 Alcance

El objetivo principal de este proyecto es crear una plataforma dedicada a la gestión colaborativa de proyectos de investigación. El componente *backend* se ha implementado utilizando tecnología de API REST. El sistema permite realizar operaciones de CRUD (Crear, Leer, Actualizar, Eliminar) para los datos. Además, se ha establecido una estructura jerárquica en los roles de los usuarios, dando como resultado dos roles distintos: administrador y usuario general, cada uno con sus propias funciones y privilegios dentro del sistema.

Para el perfil administrador se han generado los siguientes *endpoints*:

- *Endpoints* para listar todos los usuarios y eliminar usuarios.
- *Endpoints* para listar todos los proyectos y eliminar proyectos.

Para el perfil usuario general se han generado los siguientes *endpoints*:

- *Endpoints* para registrar cuenta y verificar cuenta.
- *Endpoints* para iniciar sesión, modificar contraseña y recuperar contraseña.
- *Endpoints* para modificar perfil.
- *Endpoints* para visualizar todos los proyectos registrados en el sistema (Pantalla Home).
- *Endpoints* para crear, editar, eliminar y visualizar proyectos de investigación.

- *Endpoints* para visualizar y eliminar notificaciones.
- *Endpoints* para enviar la notificación de colaborador en un proyecto mediante correo electrónico.
- *Endpoints* para visualizar los proyectos en los que colabora el usuario.
- *Endpoints* para solicitar colaboración en un proyecto nuevo.
- *Endpoints* para buscar proyectos por palabra clave y por usuario.
- *Endpoints* para visualizar resumen de estado de los proyectos.
- *Endpoints* para aceptar o rechazar solicitud del nuevo colaborador del proyecto y aceptar o rechazar invitación para colaborar en un proyecto.
- *Endpoints* para visualizar perfiles de usuarios.
- *Endpoints* para agregar y eliminar colaboradores, asignar permisos al colaborador (permisos por defecto), cambiar los permisos del colaborador y visualizar a los colaboradores.
- *Endpoints* para editar proyecto en colaboración (si tiene los permisos).

1.4 Marco Teórico

Backend

El *backend* de un sistema web constituye el componente fundamental de su arquitectura, encargado de gestionar la lógica de negocio, procesar datos y facilitar la interacción de datos. Se trata de la columna vertebral que garantiza el correcto funcionamiento de la aplicación al procesar peticiones, realizar cálculos, asegurar la seguridad y gestionar la información [4]. Asimismo, el *backend* se encarga de facilitar la comunicación entre el *frontend* (la parte visible para el usuario) y servicios externos como API o sistemas de terceros.

API REST

Una API REST, o Transferencia de Estado Representacional, es un estilo arquitectónico diseñado para facilitar la comunicación entre sistemas a través de la web. Se fundamenta en la premisa de que los sistemas interactúan intercambiando representaciones de recursos [5]. Estos recursos pueden ser cualquier cosa que pueda identificarse mediante una URL, como un objeto, una colección de datos o una función. Algunas API REST utilizan el Protocolo de Transferencia de Hipertexto

(HTTP) como base, con verbos como *GET, POST, PUT y DELETE* para realizar diversas acciones sobre los recursos [6]. Las API REST desempeñan un papel fundamental en el desarrollo de sistemas modernos al permitir una integración eficiente y escalable de aplicaciones y servicios.

Ingeniería de *Software*

La ingeniería de *software* implica el uso de métodos, técnicas y herramientas de ingeniería para gestionar y desarrollar proyectos de *software* de manera organizada y eficiente. Se enfoca en la planificación, análisis, diseño, implementación, pruebas y mantenimiento de proyectos de *software*, garantizando la calidad del producto final y la satisfacción del cliente [7]. Esta disciplina abarca no solo la programación, sino todo el proceso de gestión de proyectos, considerando factores como el trabajo en equipo, la comunicación y la entrega oportuna y precisa. La ingeniería de *software* proporciona enfoques estructurados para abordar los desafíos comunes del desarrollo de proyectos, lo que permite la entrega satisfactoria de soluciones tecnológicas confiables y eficientes [8].

Pruebas Unitarias

Las pruebas unitarias son una práctica esencial en el desarrollo de *software*. Evalúan sistemáticamente fragmentos específicos de código, como funciones o métodos, para asegurar que funcionen según lo previsto. Estas pruebas se ejecutan de forma independiente y automática, lo que facilita la detección y corrección de errores en una fase temprana del ciclo de desarrollo [9]. Las pruebas unitarias garantizan que cada componente del *software* funcione correctamente y contribuyen a la solidez y calidad del código.

2 METODOLOGÍA

El estudio de caso es una técnica de investigación que se emplea para analizar una situación específica dentro de un contexto real. Esta metodología mantiene un enfoque cualitativo con el propósito de proporcionar una descripción completa y detallada del caso en estudio. Por lo general, implica un análisis profundo que puede incluir múltiples fuentes de datos, como entrevistas, documentos y observaciones, con el fin de comprender, describir e identificar patrones, e incluso generar nuevas preguntas para extraer lecciones útiles. Este método es ampliamente utilizado en diversas áreas, incluyendo la tecnología, sociología, educación y administración, proporcionando así una base sólida para la toma de decisiones.

Basándose en lo anterior, este proyecto de Integración Curricular opta por utilizar el método de estudio de casos. Esta elección se fundamenta en la investigación realizada sobre las necesidades de los usuarios en cuanto a la gestión de proyectos de investigación. Como resultado de esta investigación, se lleva a cabo el desarrollo del componente de *backend* para la plataforma de gestión colaborativa para proyectos de investigación.

2.1 Metodología de desarrollo

Una metodología de desarrollo de *software* es un modelo de trabajo utilizado en ingeniería de *software* para estructurar, planificar y controlar el proceso de desarrollo de *software* en sistemas de información. Estas metodologías consisten en conjuntos de técnicas, métodos y prácticas organizativas que rigen la manera en que se diseñan, construyen y gestionan las soluciones de *software*. Su objetivo principal es mejorar la calidad del *software*, aumentar la eficacia del proceso y garantizar el cumplimiento de los objetivos del proyecto [10].

SCRUM es un modelo de trabajo para el desarrollo ágil de *software* que ha sido ampliamente adoptado en diversas industrias. Se trata de un proceso en el que se aplican regularmente un conjunto de buenas prácticas para trabajar en equipo de manera colaborativa y obtener los mejores resultados posibles del proyecto. SRUM permite gestionar con flexibilidad proyectos de gran extensión en entornos dinámicos y cambiantes. Se basa en valores como la transparencia, la inspección y la adaptación, y se centra en la entrega incremental y continua de valor al cliente [11].

Roles

SCRUM es un marco de trabajo que divide el trabajo en iteraciones conocidas como *Sprints* y asigna responsabilidades clave, incluyendo el *Product Owner*, el SCRUM *Master* y el *Development Team* [11].

Product Owner

Este rol se centra en aumentar el valor del producto o proyecto en desarrollo, colaborando estrechamente con el equipo de desarrollo y las partes interesadas. Sus responsabilidades incluyen definir y priorizar el *backlog* del producto, tomar decisiones críticas sobre qué características implementar y cuándo hacerlo, y asegurarse de que el producto final satisfaga los objetivos comerciales y las necesidades del cliente [11].

SCRUM Master

Actúa como facilitador y líder del equipo, ayudando en la implementación y mantenimiento de prácticas ágiles. Su principal responsabilidad es garantizar que el equipo comprenda y aplique eficazmente los principios y prácticas de SCRUM. El SCRUM *Master* elimina obstáculos, fomenta la colaboración y mejora continuamente los procesos del equipo. Su objetivo es crear un entorno de trabajo productivo y motivador para alcanzar los objetivos [11].

Development Team

Este equipo es autónomo y multidisciplinario, lo que significa que posee todas las habilidades necesarias para completar el trabajo planificado. El equipo de desarrollo trabaja incansablemente para alcanzar los objetivos del *Sprint* y crear productos de alta calidad. Aunque no existen roles específicos dentro del equipo de desarrollo, todos los miembros comparten la misma responsabilidad en el trabajo realizado y se esfuerzan por cumplir los objetivos establecidos [11].

En la **Tabla 2.1** se presenta la disposición del equipo en el desarrollo del sistema con la asignación de roles para la aplicación de la metodología SCRUM.

Tabla 2.1: Designación de roles para el proyecto.

ROL	INTEGRANTE
Product Owner	Ing. Vanessa Guevara
SCRUM *Master*	Ing. Vanessa Guevara
Development Team	Danny Alexis Vinueza Zavala

Artefactos

SCRUM ofrece diversos artefactos como recursos para recopilar y gestionar de manera organizada y eficiente toda la información relevante para el desarrollo del proyecto de *software*, evitando así decisiones incorrectas que puedan ocasionar retrasos innecesarios durante el proceso de desarrollo. Dentro del ámbito del *backend*, se han implementado los siguientes artefactos:

Recopilación de Requerimientos

Esta fase es fundamental para establecer las necesidades que el proyecto debe satisfacer. A diferencia de los enfoques tradicionales, en SCRUM no se definen "requisitos" en el sentido clásico, ya que busca adaptarse a cambios y entregar valor de manera iterativa. El enfoque ágil de SCRUM permite la flexibilidad necesaria para ajustar los requerimientos a medida que se obtiene retroalimentación y se avanza en el desarrollo [12]. En la **Tabla 2. 2** se muestra el formato utilizado para la recopilación de requerimientos y en el **ANEXO II** se detalla la tabla de requerimientos completa.

Tabla 2. 2: Formato Recopilación de requerimientos

RECOPILACIÓN DE REQUERIMIENTOS		
TIPO DE SISTEMA	**ID – RR**	**ENUNCIADO DEL ITEM**
Backend	**RR-001**	Como usuario se necesita el *endpoint* para: • Registrar usuario

Historias de Usuario

Las historias de usuario se enfocan desde la perspectiva del usuario final, proporcionando contexto y valor a los desarrolladores, y ayudando a mantener la atención en las necesidades del usuario. Estas historias capturan lo que el usuario desea, por qué lo necesita y cómo se beneficia [12]. En la **Tabla 2. 3** se muestra el formato utilizado para las Historias de Usuario y en el **ANEXO II** se detallan todas las historias de usuario para el proyecto.

Tabla 2. 3: Formato Historias de Usuario

	HISTORIA DE USUARIO
Identificador: HU001	**Usuario:** Usuario general
Nombre de historia: Registrar usuario	
Prioridad en Negocio: Alta	**Riesgo en el Desarrollo:** Medio
Iteración asignada: 1	
Responsable: Danny Vinueza	
Descripción: Los datos del usuario se recopilan en formato JSON para utilizar el *endpoint* de registrar usuario.	
Observación: El usuario debe completar los campos requeridos y si desea los campos opcionales, como la imagen de perfil. Se lleva a cabo la validación de los tipos de datos recibidos.	

Product Backlog

El *Product Backlog* es una lista priorizada de funciones, tareas y requisitos que deben ser desarrollados en un producto. Se trata de una herramienta fundamental para definir y planificar el trabajo futuro, considerando las prioridades del proyecto. Las historias de usuario, requisitos y características se expresan en forma de elementos *del Product Backlog* [12].

En la **Tabla 2. 4** se presenta el formato utilizado para el *Product Backlog* y una versión completa del *Product Backlog* se encuentra disponible en el **ANEXO II**.

Tabla 2. 4: Formato *Product Backlog*

PRODUCT BACKLOG				
ID-HU	**HISTORIA DE USUARIO**	**ITERACIÓN**	**ESTADO**	**PRIORIDAD**
HU001	Registrar usuario	1	Finalizado	Alta

Sprint Backlog

El *Sprint Backlog* consiste en los elementos seleccionados *del Product Backlog* para el *Sprint* en curso, junto con los detalles necesarios para su ejecución. Se crea durante la reunión de planificación del *Sprint* y sirve como guía para el equipo durante el *Sprint* [13]. Esta herramienta es fundamental para monitorear el progreso y alcanzar los objetivos del *Sprint*. En la **Tabla 2. 5** se muestra el formato del *Sprint Backlog*. Además, se encuentra disponible una versión completa del ciclo de trabajo del *Sprint Backlog* en el **ANEXO II**.

Tabla 2. 5: Formato Sprint Backlog

SPRINT BACKLOG						
ID-SB	**Nombre**	**Modulo**	**ID-HU**	**Historia de Usuario**	**Tareas**	**Tiempo Estimado**
SB000	Configuración del ambiente de desarrollo	N/A	N/A	N/A	• Recopilación y definición de los requerimientos. • Diseño y creación de la base de datos. • Preparación del ambiente de desarrollo.	10H

2.2 Diseño de la arquitectura

El diseño de la arquitectura de un sistema web desempeña un papel fundamental en la definición de la estructura, organización y componentes del sistema, lo que resulta esencial para lograr un funcionamiento coherente y eficaz [14]. Esta fase implica la creación de un plan detallado que establece cómo se organizarán y comunicarán entre sí los diferentes elementos del sistema, incluyendo la configuración de las bases de datos, la implementación de la lógica de negocio y la interacción con el *frontend*. Un diseño de arquitectura bien elaborado garantiza la escalabilidad, la seguridad y el rendimiento del sistema web, proporcionando una base sólida para su desarrollo y evolución futura.

Arquitectura de Datos

La arquitectura de datos describe la gestión de los datos dentro de un sistema. Su importancia radica en comprender cómo fluyen los datos a través del sistema de almacenamiento de datos (BDD) de manera clara y eficiente. Un diseño de arquitectura de datos efectivo se basa en los requisitos del negocio, lo que ayuda a definir el modelo de datos y las estructuras necesarias. La **Figura 2. 1** presenta el

Modelado de la Base de Datos del Sistema, es decir se puede observar el modelado de las entidades y relaciones implementados para la gestión de datos que almacena y procesa el sistema.

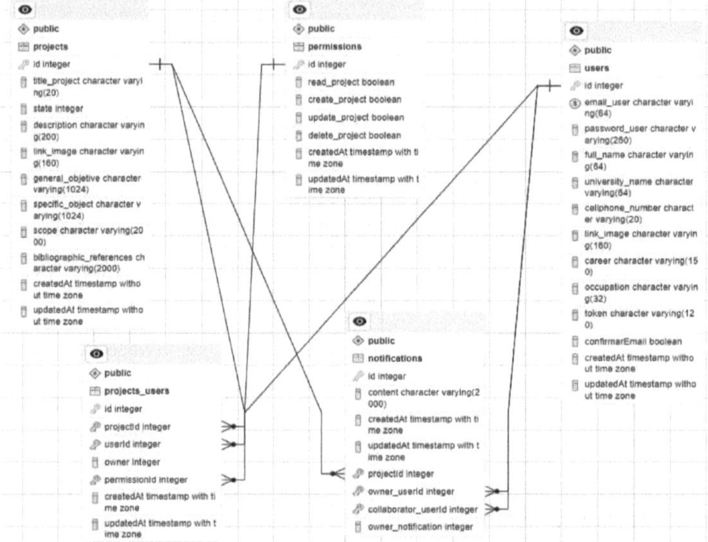

Figura 2. 1: Diseño de la base de datos relacional sql

Patrón Arquitectónico - Modelo Vista Controlador (MVC)

El patrón de diseño Modelo Vista Controlador (MVC) se considera apropiado para una plataforma de gestión colaborativa, donde se manejan diversos tipos de datos y se necesita una interacción fluida entre el *backend* y la interfaz de usuario. Este patrón proporciona una estructura sólida y organizada para el desarrollo.

Modelo: Representa la estructura de datos y las reglas de negocio del sistema. En este contexto, incluiría la lógica para gestionar proyectos, tareas, usuarios, documentos y otros elementos relacionados con la plataforma [15].

Vista: Se encarga de presentar los datos al usuario. En el caso de la plataforma, esto implica la interfaz de usuario a través de la cual los usuarios interactúan con el sistema, como la visualización de proyectos, tareas, calendarios y documentos [15].

Controlador: Actúa como intermediario entre el modelo y la vista. Recibe las solicitudes del usuario desde la vista, interactúa con el modelo para obtener o modificar los datos necesarios, y luego envía los resultados de vuelta a la vista [15].

La **Figura 2. 2** muestra el patrón arquitectónico que se implementa en el componente *backend*, de acuerdo con las herramientas utilizadas en el proyecto.

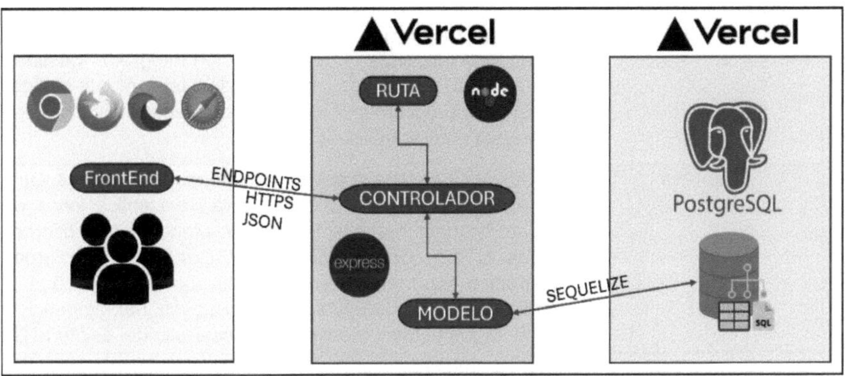

Figura 2. 2: Patrón arquitectónico *backend*

2.3 Herramientas de desarrollo

En un mundo donde el desarrollo de *software* predomina cada vez más, ya sea para la creación de aplicaciones móviles, sistemas empresariales, videojuegos o sitios web [16], contar con herramientas adecuadas es fundamental para simplificar procesos y garantizar la calidad del *software*.

Las herramientas de desarrollo de *software* se refieren a programas, conjuntos de utilidades o aplicaciones que los desarrolladores utilizan para crear, depurar y probar *software*. La selección de herramientas adecuadas es crucial para optimizar la productividad y facilitar la creación de código, lo que a su vez reduce el tiempo de desarrollo. La **Tabla 2. 6** detalla las herramientas de desarrollo seleccionadas y justifica su uso en este proyecto de *backend*.

Tabla 2. 6: Herramientas de desarrollo del *backend*

Herramienta	Justificación
Visual Studio Code	Editor de código fuente versátil y ligero desarrollado por *Microsoft,* disponible en múltiples plataformas. Ofrece funciones avanzadas como depuración integrada, gestión de Git, resaltado de sintaxis y completado inteligente de código, lo que lo hace ampliamente utilizado por los desarrolladores para programar y crear aplicaciones [24].
Express	*Framework* web más popular para trabajar con Node.js. Ofrece una estructura simple y eficiente para crear aplicaciones web, proporcionando mecanismos para manejar los diferentes verbos HTTP (*GET, POST, PUT, DELETE*), así como la integración con motores de renderización de vistas. Además, permite la adición de *middleware* para gestionar las peticiones HTTP, lo que lo hace ideal para el desarrollo del *backend* [22].
PostgreSQL	Base de datos relacional conocida por su fiabilidad, flexibilidad y soporte de estándares abiertos. Como sistema de gestión de bases de datos relacional y no relacional de código abierto, es ampliamente utilizado en proyectos debido a su robustez y escalabilidad [20].
Postman	Plataforma de API diseñada para simplificar la creación, prueba y supervisión de servicios y API. Además de permitir la documentación de las APIs, es ampliamente utilizada en el desarrollo de aplicaciones debido a su facilidad de uso y funcionalidades avanzadas [19].
Vercel	Plataforma en la nube que permite a los desarrolladores desplegar, gestionar y escalar aplicaciones y sitios web. Ofrece integraciones con servicios populares de control de código fuente y es conocida por su facilidad de uso y escalabilidad [25].
Render	Plataforma en la nube que permite desarrollar y alojar aplicaciones y sitios web, ofreciendo certificados TLS gratuitos, una CDN global y despliegues automáticos de Git. Es especialmente útil para aplicaciones desarrolladas en Node.js debido a su facilidad de uso y sus características avanzadas [21].
JavaScript	Lenguaje de programación ampliamente utilizado en el desarrollo web. Permite implementar funciones complejas en páginas web, como la actualización dinámica de contenido, control multimedia y animaciones, lo que lo convierte en una herramienta fundamental para la construcción de aplicaciones web modernas [23].

Git y GitHub	Sistemas de control de versiones ampliamente utilizados en el desarrollo de *software*. *Git* se utiliza para controlar versiones localmente, mientras que *GitHub* proporciona una plataforma en la nube para almacenar repositorios de proyectos y facilitar la colaboración entre desarrolladores [17].

Librerías

En el desarrollo del *backend* del proyecto, se han empleado diversas librerías para facilitar y optimizar el proceso de desarrollo. La **Tabla 2. 7** detalla estas librerías junto con su respectiva justificación de uso.

Tabla 2. 7: Librerías

Librería	Justificación
bcryptjs	Se utiliza para encriptar datos sensibles, como contraseñas, con el fin de evitar ataques de seguridad [26].
cors	Esta librería proporciona un mecanismo basado en cabeceras HTTP que permite al servidor indicar cualquier dominio y/o esquema distinto del suyo [27].
dotenv	Se emplea para cargar variables de entorno desde un archivo .env en el proyecto *backend* [28].
jsonwebtoken	Permite generar y verificar *tokens* JWT de manera sencilla y segura, implementando el estándar de *Tokens WEB JSON* [29].
nodemailer	Facilita el envío de correos electrónicos desde el servidor [18].
pg	Es una colección de módulos para interactuar con la base de datos PostgreSQL en Node.js, con soporte para devoluciones de llamada, promesas, asincronía/espera, entre otros [30].
sequelize	Moderno ORM para *TypeScript* y Node.js que ofrece soporte para múltiples bases de datos relacionales, incluyendo Oracle, PostgreSQL, MySQL, MariaDB, SQLite y SQL Server [31].
nodemon	Es una herramienta utilizada en entornos de desarrollo que reinicia automáticamente la aplicación de Node.js cuando detecta cambios en los archivos del directorio [32].

3 RESULTADOS

En esta sección del proyecto, se detallan los avances logrados tras implementar y desarrollar cada uno de los *endpoints* que definen la lógica del proyecto *backend*. Además, se presentan los resultados obtenidos en las pruebas realizadas, así como el despliegue realizado en producción. También se describen los éxitos alcanzados en cada *Sprint*, ofreciendo una perspectiva clara para cada uno de ellos.

3.1 *Sprint* 0. Configuración del ambiente de desarrollo

En el *Sprint* 0 el *Sprint Backlog* se plantea las siguientes tareas:

- Recopilación y definición de los requerimientos.
- Creación de la estructura del proyecto *backend*.
- Diseño y creación de la base de datos.
- Definición y asignación de los roles de usuario.

Recopilación y definición de los requerimientos

Implementación de los *endpoint*s para el registro y verificación de usuarios

El *backend* ha sido desarrollado de acuerdo con los requerimientos especificados, incluyendo la creación de un *endpoint* para el registro de usuarios con campos predefinidos, así como otro *endpoint* para la verificación de cuentas.

Implementación de los *endpoints* para iniciar sesión, modificar y recuperar la contraseña

El *backend* ha implementado un *endpoint* para el inicio de sesión, el cual requiere el ingreso del correo electrónico y la contraseña del usuario. Además, se ha desarrollado un *endpoint* para modificar la contraseña, donde se solicita la contraseña antigua y la nueva. También se ha implementado un *endpoint* para recuperar la contraseña, el cual envía un correo electrónico para este propósito.

Implementación del *endpoint* para modificar el perfil del usuario

El *backend* ha implementado un *endpoint* para modificar el perfil del usuario, permitiendo la edición de campos específicos.

Implementación del *endpoint* para visualizar todos los proyectos registrados en el sistema (Pantalla Home)

El *backend* ha implementado un *endpoint* dedicado a mostrar todos los proyectos registrados en el sistema, accesible a través de la Pantalla de Inicio.

Implementación de *endpoints* para gestionar proyectos

La implementación de *endpoints* para gestionar proyectos en el *backend* comprende la capacidad de realizar diversas acciones relacionadas con los proyectos propios, tales como crear, visualizar, editar y eliminar proyectos. Además, se proporciona un *endpoint* para visualizar un resumen del estado de los proyectos.

Para proyectos en los que el usuario actúa como colaborador, se han implementado *endpoints* para visualizar los proyectos en los que colabora y, si se poseen los permisos necesarios, editar el proyecto en colaboración.

Implementación de *endpoints* para gestionar colaboradores

El *backend* ha implementado *endpoints* para gestionar la colaboración en proyectos de diversas maneras. Estos incluyen la capacidad de solicitar unirse a un proyecto como colaborador, así como la funcionalidad para que el propietario del proyecto envíe una solicitud a otro usuario para que se una al proyecto como colaborador. Además, se ha desarrollado *endpoints* para eliminar a un colaborador del proyecto, asignar permisos predeterminados al colaborador, cambiar los permisos del colaborador y visualizar a todos los colaboradores asociados al proyecto.

Implementación de *endpoints* para gestionar las notificaciones

El *backend* ha implementado *endpoints* para visualizar las notificaciones generadas en el sistema. Estas notificaciones pueden ser originadas cuando un usuario solicita unirse a un proyecto como colaborador, o cuando el propietario de un proyecto solicita que un usuario se una como colaborador. Además, en esta sección, los usuarios tienen la capacidad de aceptar o rechazar las notificaciones según el contexto de cada una.

Implementación de *endpoints* para enviar la notificación de colaborador en un proyecto mediante correo electrónico

Se han desarrollado *endpoints* que permiten enviar notificaciones de colaboración en proyectos a los usuarios mediante correo electrónico. Estas notificaciones informan a los usuarios sobre las solicitudes de colaboración recibidas o enviadas.

Implementación de *endpoints* para buscar proyectos por palabra clave y por usuario

El *backend* ha implementado *endpoints* que permiten buscar proyectos en el sistema utilizando palabras clave específicas o filtrando por usuario. Estas funcionalidades proporcionan a los usuarios la capacidad de encontrar proyectos relevantes según sus intereses o necesidades específicas.

Implementación de *endpoints* para visualizar perfiles de usuarios

Se han implementado *endpoints* dedicados a la visualización de perfiles de usuarios dentro del sistema. Estos *endpoints* permiten a los usuarios acceder a información sobre otros usuarios, como nombre, foto de perfil, información de contacto, y otros detalles relevantes.

Implementación de *endpoints* para visualizar y eliminar todos los proyectos y usuarios

Se han desarrollado *endpoints* que facilitan al administrador la visualización y eliminación de todos los proyectos y usuarios. Estos *endpoints* proporcionan al administrador la capacidad de eliminar proyectos y usuarios según sea necesario.

Creación de la estructura del proyecto *backend*

La estructura del proyecto *backend* se creó utilizando el IDE Visual Studio Code, el cual facilita la edición de código JavaScript y agiliza la implementación de los distintos *endpoints*. En este IDE, se creó la estructura en base al patrón arquitectónico establecido previamente. Esto incluyó la creación de archivos de configuración, archivos del entorno de desarrollo y los directorios necesarios. La **Figura 3.1** muestra la estructura resultante del proyecto.

Figura 3.1: Estructura del proyecto

Diseño y creación de la base de datos

Para el sistema, se ha seleccionado PostgreSQL como sistema gestor de bases de datos debido a su enfoque relacional. PostgreSQL es reconocido por su confiabilidad y robustez, lo que garantiza la consistencia de los datos y la integridad, aspectos cruciales para cualquier *backend*. En la **Figura 3.2** se pueden apreciar las tablas utilizadas en la base de datos.

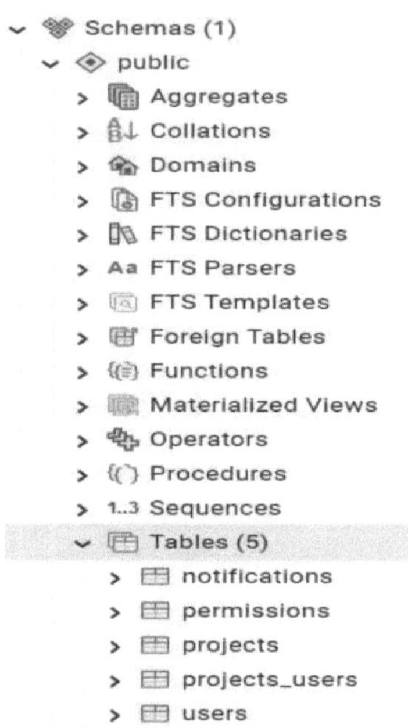

Figura 3.2: Diseño de la Base de Datos

Definición y asignación de los roles de usuario

La representación de los roles de usuario se muestra en la **Figura 3. 3.**

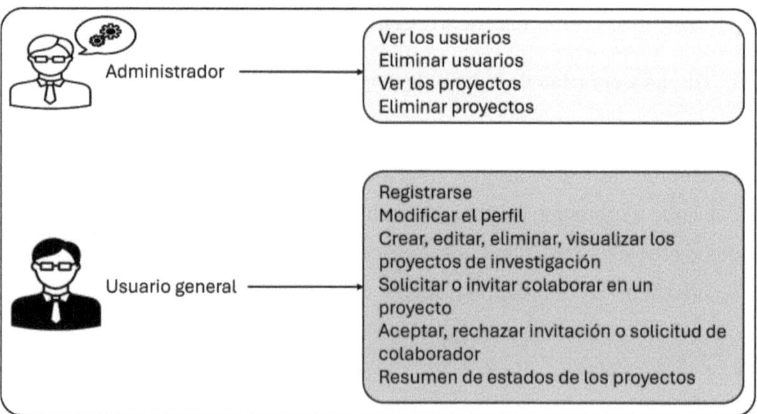

Figura 3. 3: Roles de usuario

3.2 *Sprint* 1. Resultado del desarrollo de *endpoints* para gestión de usuario

En este *Sprint* 1 el *Sprint Backlog* plantea las siguientes tareas:

- Generar el *endpoint* para registrar usuarios.
- Generar los *endpoints* para iniciar sesión, modificar y recuperar contraseña.
- Generar los *endpoints* para modificar el perfil de usuario.

Generar el *endpoint* para registrar usuarios

Para registrar usuarios, se ha implementado un *endpoint* que permite a los usuarios realizar una solicitud de tipo POST. Al enviar la solicitud, el usuario debe completar ciertos campos en el cuerpo (*body*) de la solicitud, como se muestra en la **Figura 3.4,** donde está realizando una prueba desde Postman para registrar un nuevo usuario en el sistema. Esto se realiza a través de diversas rutas definidas para cada *endpoint*.

Adicionalmente, se ha implementado un *endpoint* para verificar la cuenta de usuario. Este *endpoint* funciona enviando un correo electrónico a la cuenta del usuario con un enlace de verificación. Una vez que el usuario hace clic en el enlace y verifica su cuenta, se completa el proceso de verificación.

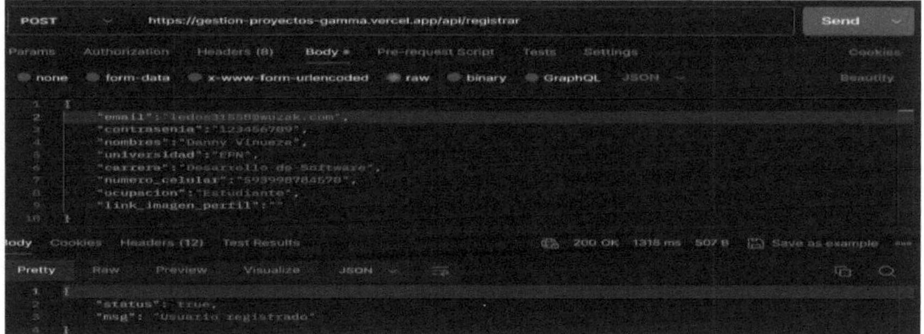

Figura 3.4: *Endpoint* **para registrar usuario**

El resultado de la prueba unitaria para registrar un usuario se muestra en la **Figura 3.5**

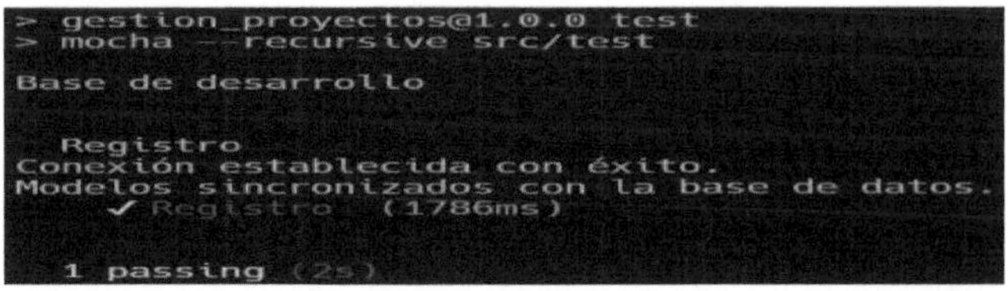

Figura 3.5: Resultado de la prueba unitaria para registrar usuario

Generar los *endpoints* para iniciar sesión, modificar y recuperar contraseña

Se han implementado varios *endpoints* para las siguientes acciones: Para iniciar sesión se ha desarrollado un *endpoint* que permite iniciar sesión mediante una solicitud de tipo POST. Para recuperar la contraseña, se utiliza un *endpoint* que procesa una solicitud de tipo POST. Para modificar la contraseña, se ha implementado un *endpoint* que requiere una solicitud de tipo PUT. En la **Figura 3.6** se muestra cómo se realiza el inicio de sesión.

Figura 3.6: *Endpoint* para iniciar sesión

El resultado de la prueba unitaria para iniciar sesión se muestra en la **Figura 3.7.**

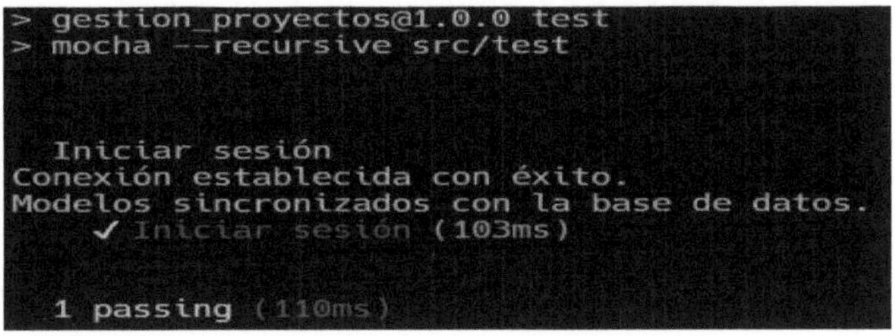

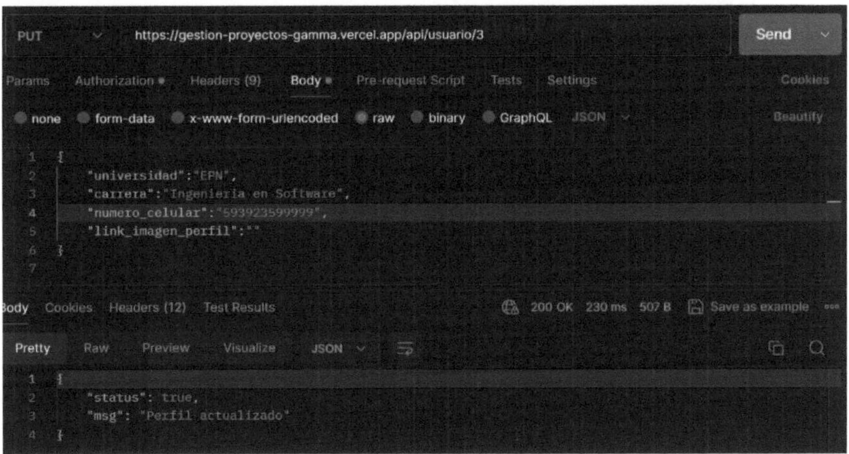

Figura 3.7: Resultado de la prueba unitaria, Iniciar sesión

Generar los *endpoints* para modificar el perfil de usuario

Se ha desarrollado un *endpoint* que permite a los usuarios visualizar su propio perfil mediante una solicitud de tipo GET. Los datos mostrados en el perfil corresponden a la información ingresada durante el registro.

Para modificar la información del perfil, se ha implementado un *endpoint* que procesa una solicitud de tipo PUT. Sin embargo, este *endpoint* solo permite cambiar ciertos campos específicos del perfil, como se muestra en la **Figura 3.8.**

Figura 3.8: *Endpoint* para editar el perfil

El resultado de la prueba unitaria para editar el perfil de un usuario se muestra en la **Figura 3.9.**

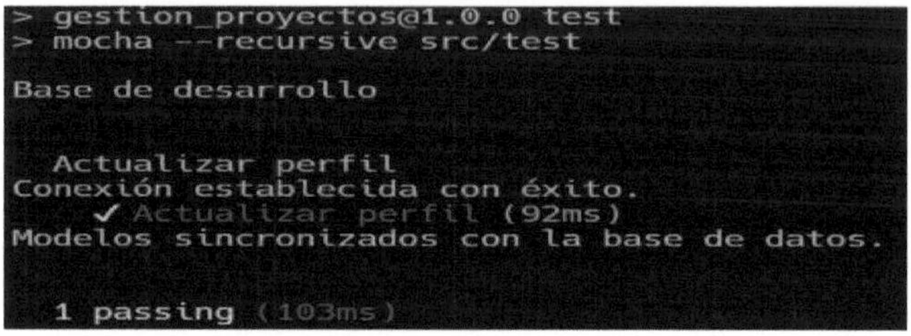

Figura 3.9: Resultado de la prueba unitaria, Editar perfil

3.3 *Sprint* 2. Resultado del desarrollo de *endpoints* para gestión de proyectos

En este *Sprint* 2 el *Sprint Backlog* plantea las siguientes tareas:

- Generar los *endpoints* para gestionar los proyectos.
- Generar los *endpoints* para gestionar notificaciones.
- Generar el *endpoint* para visualizar todos los proyectos del sistema, buscar proyectos y visualizar los proyectos en colaboración.
- Generar el *endpoint* para visualizar resumen de estado de los proyectos.

Generar los *endpoints* para gestionar los proyectos

Se han implementado varios *endpoints* para gestionar los proyectos, siguiendo un enfoque CRUD (Crear, Leer, Actualizar, Eliminar). Se ha desarrollado un *endpoint* que permite a los usuarios visualizar todos los proyectos existentes mediante una solicitud de tipo GET. Para crear un nuevo proyecto, se utiliza un *endpoint* que procesa una solicitud de tipo POST. Se ha implementado un *endpoint* que permite actualizar la información de un proyecto existente mediante una solicitud de tipo PUT. Para eliminar un proyecto, se utiliza un *endpoint* que procesa una solicitud de tipo DELETE.

Todos estos *endpoints* relacionados con los proyectos son rutas protegidas, lo que significa que el usuario debe proporcionar un token de autenticación válido obtenido al iniciar sesión. Este token se incluye en la solicitud como se muestra en la **Figura 3.10,** que ilustra cómo se crea un nuevo proyecto.

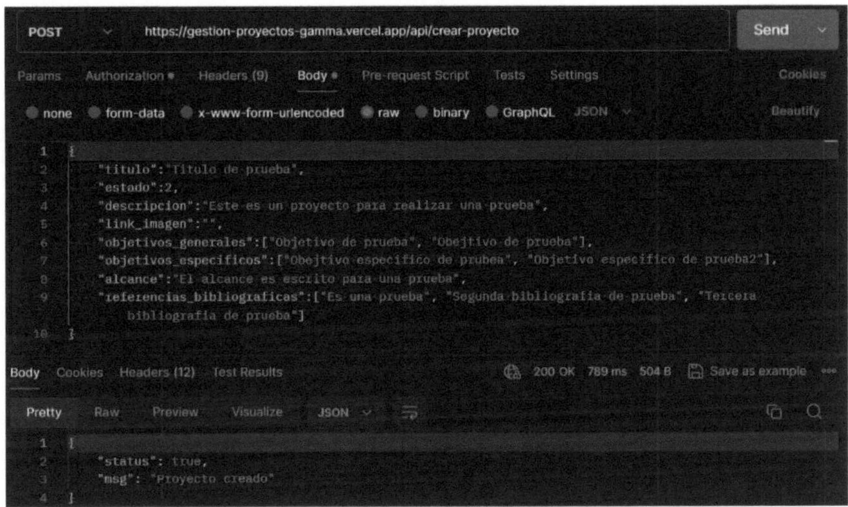

Figura 3.10: *Endpoint* **para crear el proyecto**

El resultado de la prueba unitaria para crear un proyecto se muestra en la **Figura 3.11.**

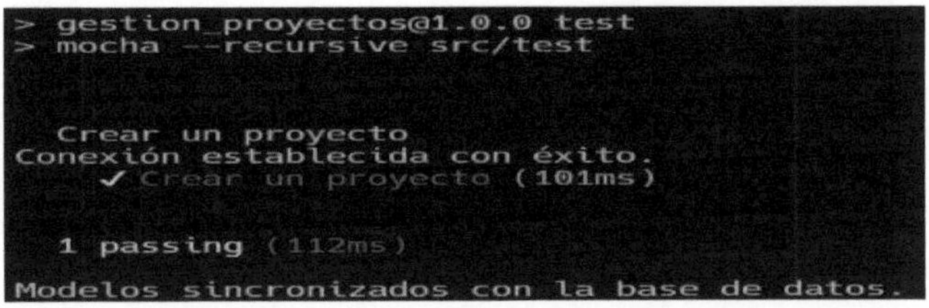

Figura 3.11: **Resultado de la prueba unitaria, Crear un proyecto**

Generar los *endpoints* para gestionar notificaciones

Se ha creado un *endpoint* que permite a los usuarios visualizar sus notificaciones mediante una solicitud de tipo GET. Esto les permite ver todas las notificaciones recibidas. Para eliminar una notificación, se utiliza un *endpoint* que procesa una solicitud de tipo DELETE. Esto se realiza cuando el usuario acepta o rechaza una notificación, de acuerdo con el contexto de esta. La **Figura 3.12** muestra el *endpoint* para listar las notificaciones.

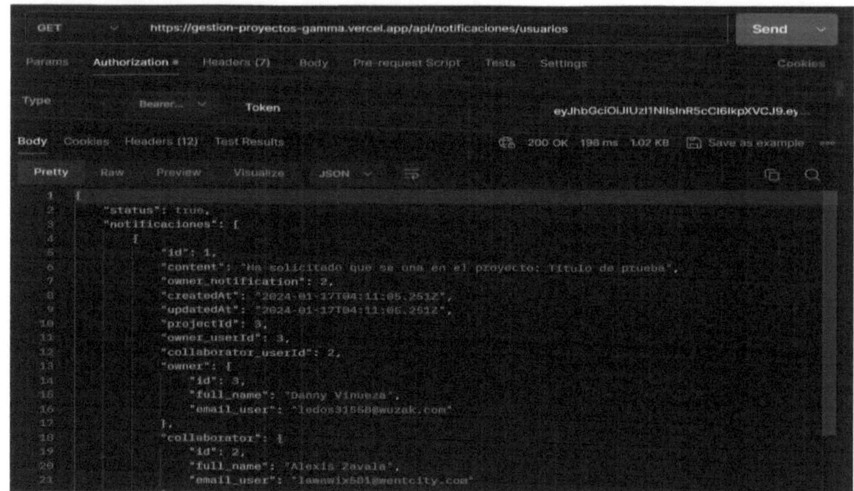

Figura 3.12: *Endpoint* para listar las notificaciones

El resultado de la prueba unitaria para obtener las notificaciones del usuario se muestra en la **Figura 3.13.**

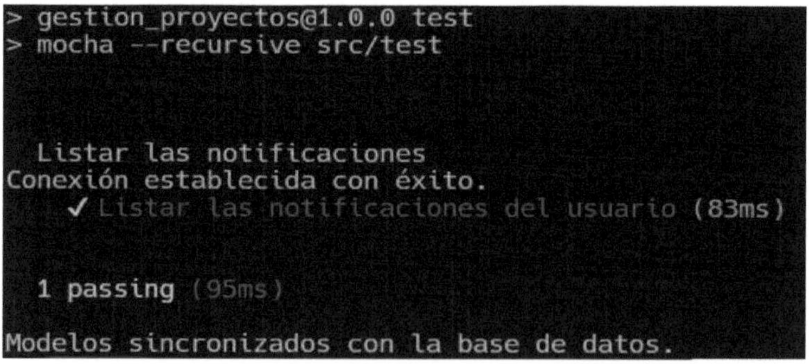

Figura 3.13: Resultado de la prueba unitaria, Listar las notificaciones

Generar el *endpoint* para visualizar todos los proyectos del sistema, buscar proyectos y visualizar los proyectos en colaboración

Se ha implementado un *endpoint* que permite visualizar todos los proyectos del sistema mediante una solicitud de tipo GET. Esto proporciona a los usuarios una lista completa de todos los proyectos disponibles. Para realizar búsquedas de proyectos, se utiliza un *endpoint* que procesa una solicitud de tipo GET con parámetros de búsqueda. Esto permite a los usuarios filtrar los proyectos según criterios específicos como palabras clave y usuarios. Finalmente, se ha desarrollado un *endpoint* que permite a los usuarios visualizar los proyectos en los que están colaborando mediante una solicitud de tipo GET. Esto proporciona una lista de proyectos específicos en los que el usuario ha sido incluido como colaborador.

Estos *endpoints* están protegidos y requieren que el usuario haya iniciado sesión para acceder a ellos. La **Figura 3.14** muestra cómo se realiza la visualización de proyectos en los que el usuario está colaborando.

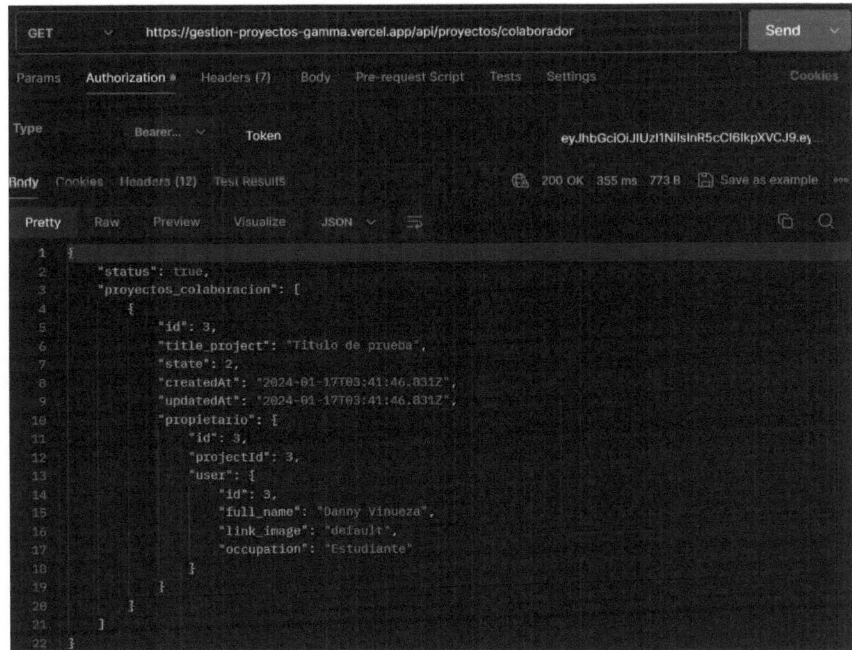

Figura 3.14: *Endpoint* para listar los proyectos en colaboración

El resultado de la prueba unitaria para obtener los proyectos en colaboración del usuario se muestra en la **Figura 3.15.**

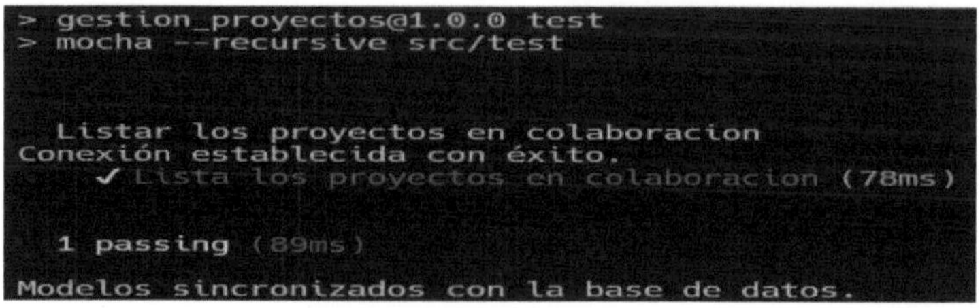

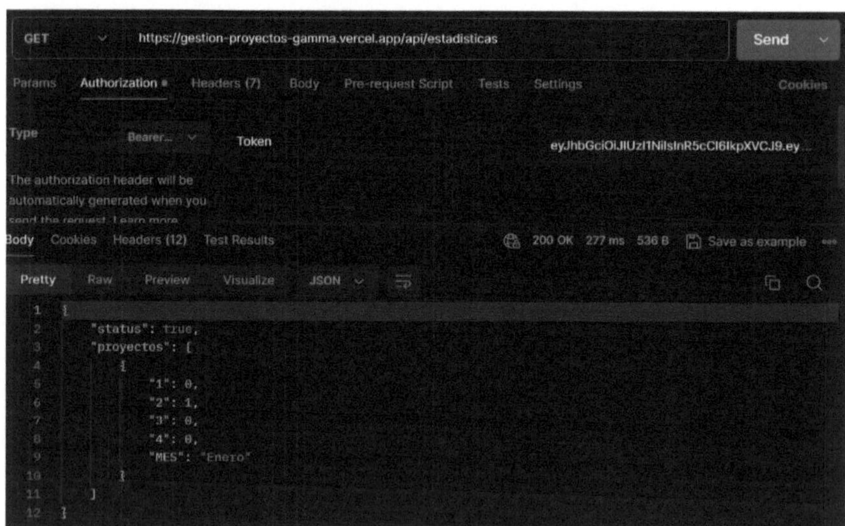

Figura 3.15: Resultado de la prueba unitaria, Listar proyectos en colaboración

Generar el *endpoint* para visualizar resumen de estado de los proyectos

Se ha implementado un *endpoint* para visualizar un resumen del estado de los proyectos del usuario. Este *endpoint* muestra el estado y el contador que indica cuántos proyectos se encuentran en cada estado. La solicitud se realiza mediante un método GET, y la respuesta proporciona esta información resumida sobre los proyectos del usuario. La **Figura 3.16** muestra el *endpoint* para visualizar el resumen de estado de los proyectos.

Figura 3.16: *Endpoint* para ver resumen estado de proyectos

3.4 *Sprint* 3. Resultado del desarrollo de *endpoints* para gestión de colaboradores

En este *Sprint* 3 el *Sprint Backlog* plantea las siguientes tareas:

- Generar los *endpoints* para aceptar o rechazar solicitud o invitación de nuevo colaborador.
- Generar los *endpoints* para gestionar los colaboradores del proyecto.
- Generar los *endpoints* para visualizar perfiles de usuarios.
- Generar los *endpoints* para editar proyecto en colaboración (si tiene los permisos).
- Generar los *endpoints* para visualizar y eliminar todos los proyectos y usuarios.

  Generar los *endpoints* para aceptar o rechazar solicitud o invitación de nuevo colaborador.

Se han implementado diversos *endpoints* para aceptar o rechazar una invitación o solicitud de nuevo colaborador. Para aceptar una invitación o solicitud se realiza una solicitud de tipo DELETE, y para rechazar una invitación o solicitud se realiza una solicitud de tipo DELETE, como se muestra en la **Figura 3. 17.**

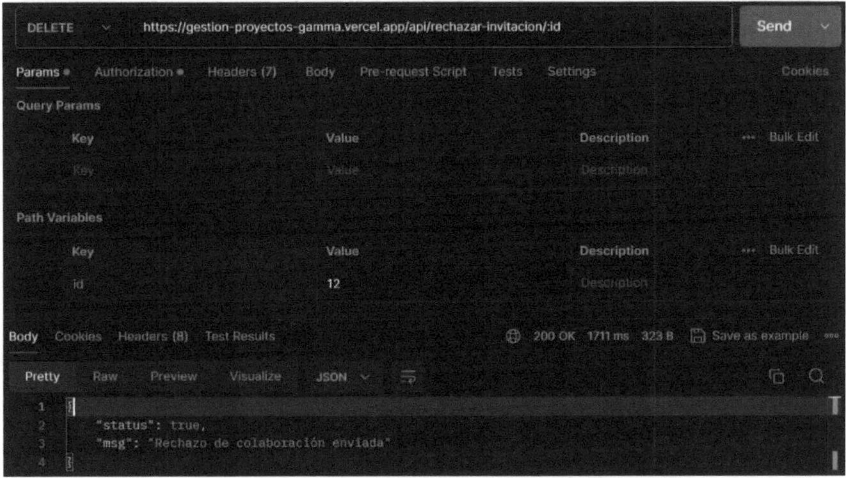

Figura 3. 17: *Endpoint* para rechazo de colaboración

El resultado de la prueba unitaria para rechazo de una solicitud de colaborador se muestra en la **Figura 3. 18.**

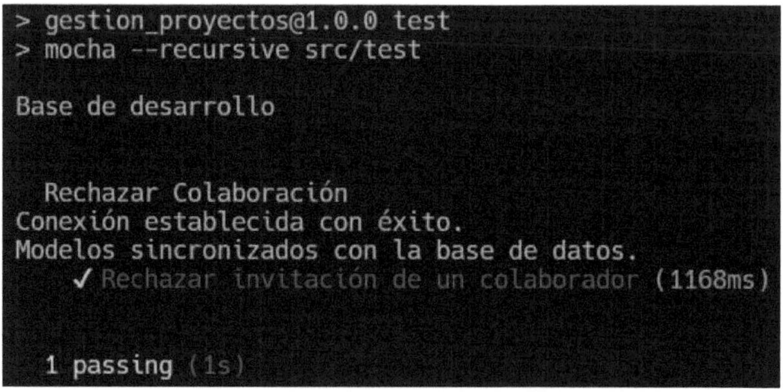

Figura 3. 18: Resultado de la prueba unitaria, Rechazo de colaboración

Generar los *endpoints* para gestionar los colaboradores del proyecto

Se han implementado diversos *endpoints* para gestionar la colaboración en proyectos. Para quitar a un colaborador del proyecto, se utiliza una solicitud de tipo DELETE, y para agregar colaboradores, se utiliza una solicitud de tipo POST, como se muestra en la **Figura 3.19.**

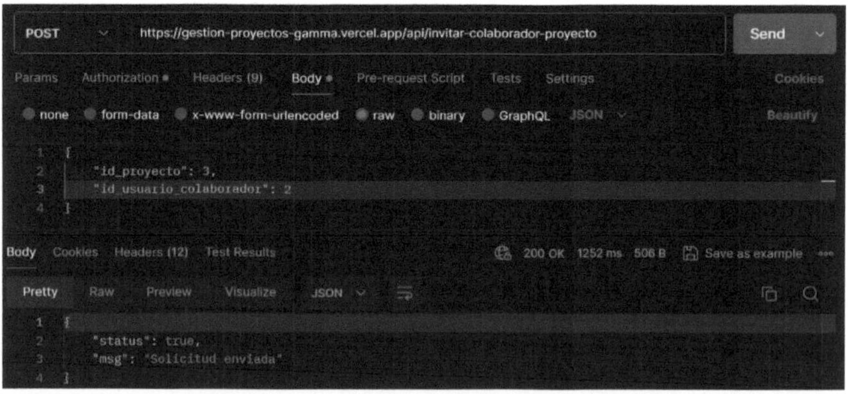

Figura 3.19: *Endpoint* para invitar a un colaborador

El resultado de la prueba unitaria para agregar un colaborador al proyecto se muestra en la **Figura 3. 20.**

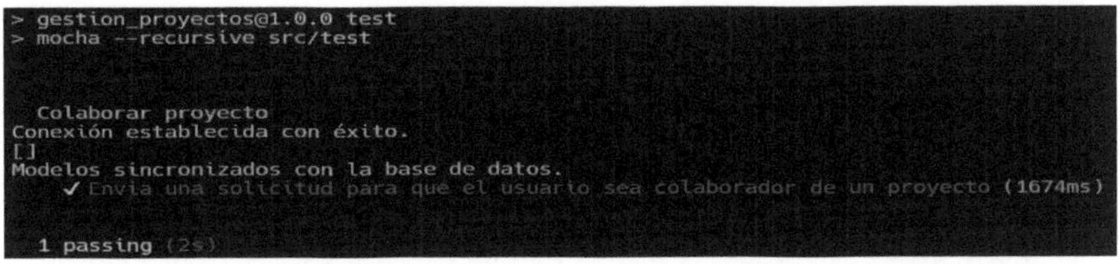

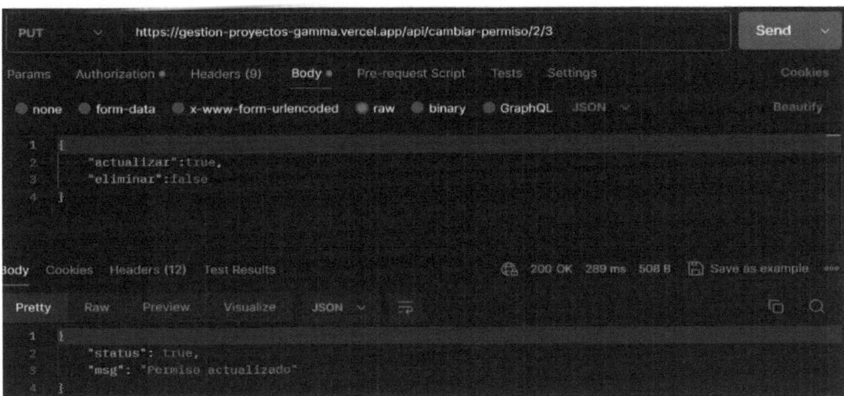

Figura 3. 20: Resultado de la prueba unitaria, Invitar a un colaborador

Se han implementado *endpoints* para cambiar los permisos del colaborador mediante una solicitud de tipo PUT. Esto permite al usuario cambiar los permisos del colaborador, en caso de que no desee que tenga los permisos por defecto, como se muestra en la **Figura 3.21**. Para ver los colaboradores del proyecto, se reutiliza el *endpoint* para ver los detalles del proyecto una vez que tenga colaboradores, estos se enlistarán. Asimismo, para listar al usuario como colaborador, se reutiliza el *endpoint* para listar el detalle del perfil.

Figura 3.21: *Endpoint* para cambiar el permiso

El resultado de la prueba unitaria para cambiar el permiso de un colaborador sobre un proyecto se muestra en la **Figura 3.22.**

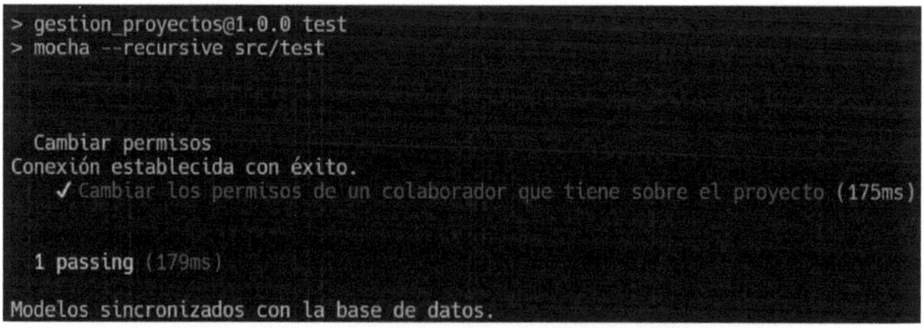

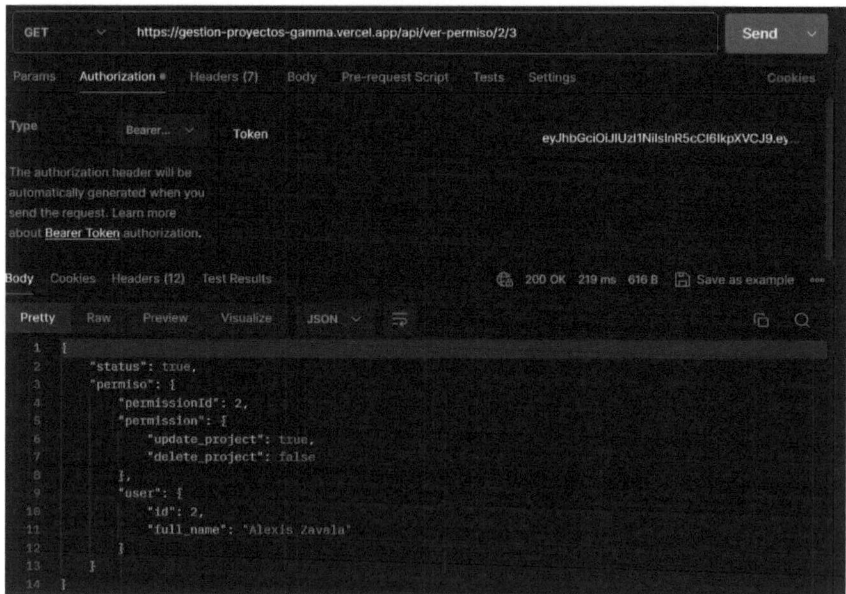

Figura 3.22: Resultado de la prueba unitaria, Cambiar permiso

Se ha implementado un *endpoint* para ver los permisos que tiene el usuario como colaborador, mediante una solicitud de tipo GET, como se muestra en la **Figura 3.23**. De esta manera, el usuario como propietario del proyecto sabrá qué permisos ha otorgado al usuario como colaborador. Este *endpoint* es privado y requiere iniciar sesión.

Figura 3.23: *Endpoint* **para ver los permisos**

El resultado de la prueba unitaria para ver los permisos del usuario como colaborador se muestra en la **Figura 3.24.**

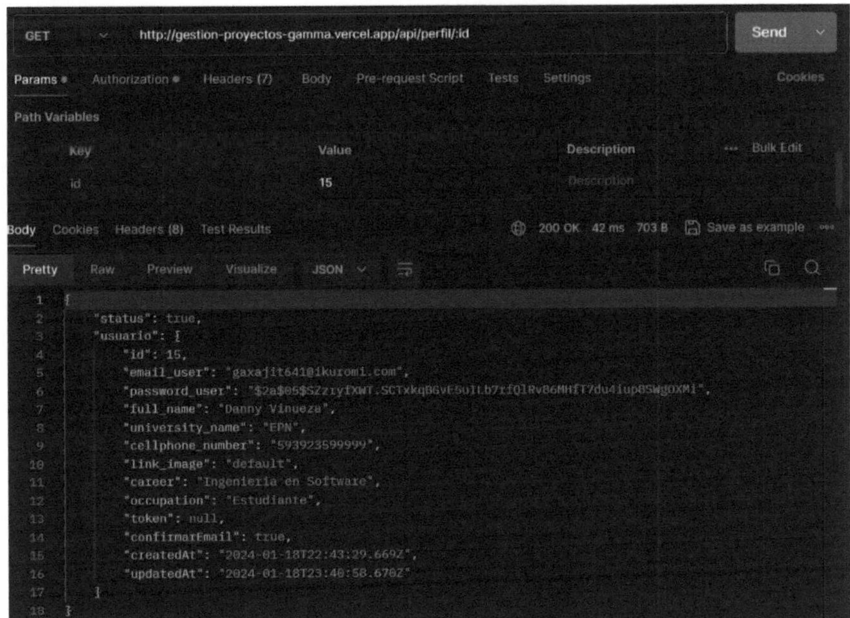

Figura 3.24: Resultados de la prueba unitaria, Ver permisos

Generar los *endpoints* para visualizar perfiles de usuarios

Se ha implementado un *endpoint* para visualizar el perfil del usuario, mediante una solicitud de tipo GET, como se muestra en la **Figura 3. 25.**

Figura 3. 25: *Endpoint* para ver el perfil del usuario

El resultado de la prueba unitaria para ver el perfil del usuario se muestra en la **Figura 3. 26.**

```
> gestion_proyectos@1.0.0 test
> mocha --recursive src/test

Base de desarrollo


  Ver perfil
Conexión establecida con éxito.
  ✓ Ver el perfil del usuario (78ms)


  1 passing (89ms)

Modelos sincronizados con la base de datos.
```

Figura 3. 26: Resultados de la prueba unitaria, Ver el perfil del usuario

Generar los *endpoints* para editar proyecto en colaboración (si tiene los permisos)

Se ha implementado un *endpoint* para editar el proyecto en colaboración solo cuando tenga los permisos necesarios, mediante una solicitud de tipo PUT, como se muestra en la **Figura 3. 27.**

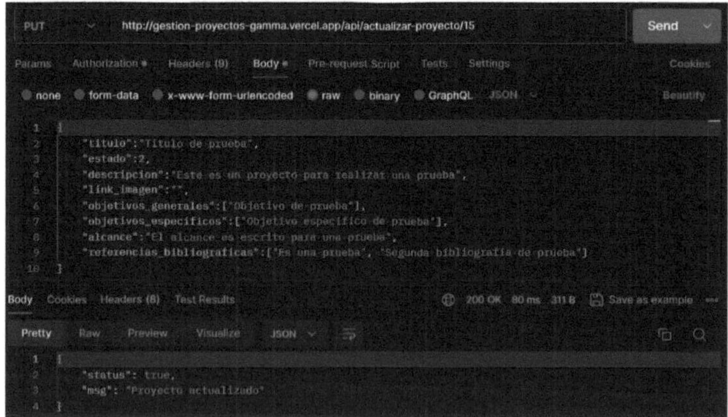

Figura 3. 27: *Endpoint* para editar un proyecto en colaboración

El resultado de la prueba unitaria para editar un proyecto en colaboración se muestra en la **Figura 3. 28.**

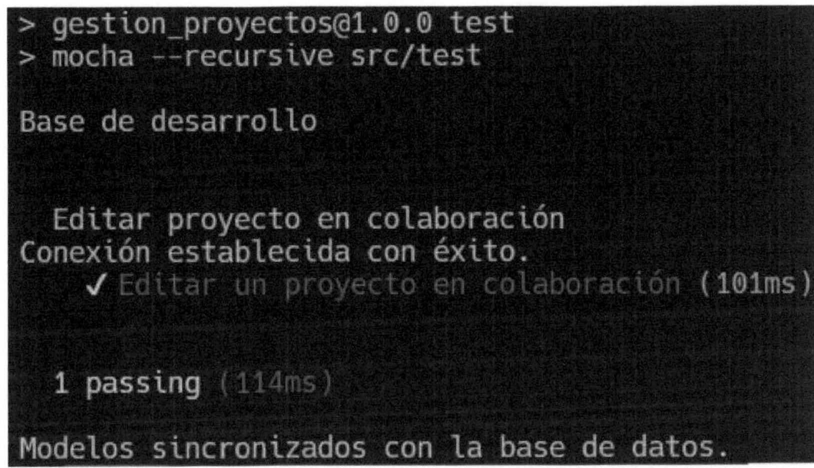

Figura 3. 28: Resultados de la prueba unitaria, Editar un proyecto en colaboración

Generar los *endpoints* para visualizar y eliminar todos los proyectos y usuarios

Se han desarrollado *endpoints* que facilitan al administrador la visualización y eliminación de todos los proyectos y usuarios. Estos *endpoints* proporcionan al administrador la capacidad de eliminar proyectos y usuarios según sea necesario. Estos *endpoints* utilizan solicitudes DELETE, como se muestra en la **Figura 3. 29** y **Figura 3. 30**, respectivamente.

Figura 3. 29: *Endpoint* eliminar proyecto

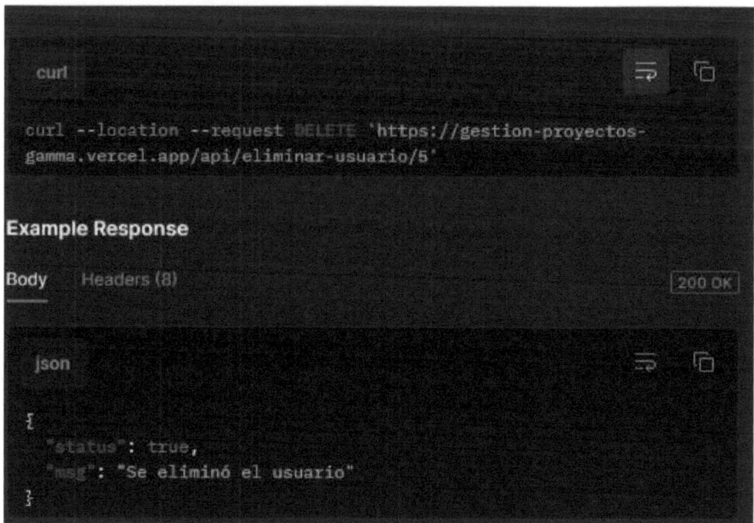

Figura 3. 30: *Endpoint* **eliminar usuario**

3.5 *Sprint* 4. Pruebas para el componente *backend*

Este *Sprint* trae consigo la realización de las siguientes tareas para las pruebas:

- Ejecución de pruebas unitarias.
- Ejecución de pruebas de estrés.
- Ejecución de pruebas de aceptación.

Ejecución de pruebas unitarias

La ejecución de pruebas unitarias se enfoca en verificar los componentes individuales a nivel de código fuente, al aislarlos y probarlos de manera independiente. Estas pruebas tienen como objetivo garantizar que cada función del código funcione como se espera y cumpla con los requisitos establecidos. Al realizar estas pruebas exhaustivas y específicas, se logra mejorar la mantenibilidad y, sobre todo, la calidad del *software* en el componente *backend*. [32].

Para llevar a cabo estas pruebas, se utilizó la biblioteca Mocha junto con Chai. Mocha proporciona una estructura poderosa y flexible para escribir las pruebas respectivas, permitiendo diferentes estilos de escritura, ya sea de forma secuencial o asincrónica. Por su parte, Chai se utilizó en conjunto con Mocha para verificar los resultados de las pruebas y realizar afirmaciones. Chai ofrece una sintaxis legible y expresiva que facilita la escritura concisa y clara de las pruebas. [33].

En la **Figura 3.31** se presenta una porción del código encargada de llevar a cabo el registro del usuario, mientras que en la **Figura 3.32** se exhibe el resultado obtenido al realizar la prueba correspondiente. Además, todas las pruebas adicionales que se han realizado se encuentran detalladas en el **ANEXO II**.

```javascript
describe('Registrar', function () {
    it('Registrar usuario', async function () {

        let req = {
            body: {
                email: "gaxajit641@ikuromi.com",
                contrasenia: "123456789",
                nombres: "Danny Vinueza",
                universidad: "EPN",
                carrera: "Desarrollo de Software",
                numero_celular: "593998784578",
                ocupacion: "Estudiante",
                link_imagen_perfil: ""
            }
        };
        // crea un objeto res con una función json para capturar la respuesta de la función
        let res = {
            status: function (code) {
                // usa expect de chai para verificar que el código de estado sea el esperado
                expect(code).to.equal(200);
                // devuelve el mismo objeto res para poder encadenar la función json
                return this;
            },
            json: function (data) {
                // usa expect de chai para verificar que el dato sea el esperado
                expect(data).to.deep.equal({ status: true, msg: "Usuario registrado" });
            }
        };
        // llama a la función con los objetos req y res
        await registro(req, res);
    });
});
```

Figura 3.31: Código de la prueba para registrar

```
> gestion_proyectos@1.0.0 test
> mocha --recursive src/test

Base de desarrollo


  Registro
Conexión establecida con éxito.
Modelos sincronizados con la base de datos.
    ✓ Registro (1786ms)


  1 passing (2s)
```

Figura 3.32: Resultado de la prueba registrar

Los resultados de las pruebas unitarias confirman que los módulos funcionan correctamente, lo que demuestra una implementación exitosa de todas las validaciones necesarias.

Ejecución de pruebas de estrés

La ejecución de pruebas de estrés es una técnica esencial para evaluar el rendimiento y la escalabilidad del sistema en condiciones desfavorables o extremas. Estas pruebas implican someter al *backend* a niveles altos de estrés, como grandes cargas de datos de usuarios, recursos limitados o entradas excesivas de datos, con el fin de identificar el punto de ruptura y posibles puntos débiles. Se evalúan aspectos como el tiempo de respuesta, el uso de memoria, el rendimiento y la escalabilidad en general. [34].

Para llevar a cabo estas pruebas, se utiliza Apache JMeter debido a su interfaz amigable, que permite especificar el número de usuarios que ingresarán para utilizar los *endpoints* y un número en segundos que indica la cantidad de usuarios que acceden cada segundo. En la **Figura 3.33** se puede observar el detalle del resultado de la prueba de estrés realizada al *endpoint* para obtener a todos los usuarios. Los resultados detallados de las todas las pruebas se encuentran en el **ANEXO II.**

Summary Report

Name: Obtener usuarios

Comments:

Write results to file / Read from file

Filename | Browse... | Log/Display Only: | Errors | Successes | Configure

Label	# Samples	Average	Min	Max	Std. Dev.	Error %	Throughput	Received K...	Sent KB/sec	Avg. Bytes
Ver permiso...	2000	2045	295	21456	1094.56	0.00%	81.3/sec	49.21	24.69	619.9
TOTAL	2000	2045	295	21456	1094.56	0.00%	81.3/sec	49.21	24.69	619.9

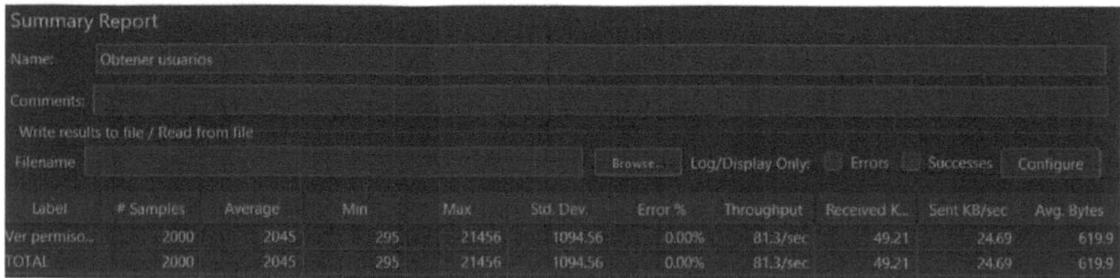

Figura 3.33: Prueba de estrés para obtener usuarios

La prueba de estrés se llevó a cabo simulando la interacción de 2000 usuarios, con una tasa de acceso al *endpoint* de aproximadamente 666 usuarios cada 3 segundos. Los resultados muestran que no se produjeron errores durante la prueba, ya que el porcentaje de errores fue del 0%. Esto indica que el sistema pudo manejar la carga de trabajo simulada sin problemas y que todos los usuarios pudieron acceder al *endpoint* satisfactoriamente.

Ejecución de pruebas de aceptación

La ejecución de pruebas de aceptación se centra en asegurar que el *backend* cumpla con los requerimientos y expectativas establecidas al inicio del proyecto, así como verificar que haya sido desarrollado de acuerdo con los requisitos especificados. En la **Tabla 3. 1** muestra el detalle de una prueba de aceptación junto con su respectivo resultado. El detalle de las pruebas restantes, así como sus resultados, se presenta en el **ANEXO II**.

Tabla 3. 1: Prueba de aceptación 3, Modificar perfil

	PRUEBA DE ACEPTACIÓN
Identificador (ID): PA-003	**Identificador de historia de Usuario:** HU-003
Nombre: Modificar perfil	
Descripción: El usuario puede modificar el perfil llenando los siguientes campos: • Universidad • Carrera • Numero de celular • Link imagen del perfil	
Pasos de ejecución: El usuario debe de realiza lo siguiente: • Acceder al URL de la documentación en Postman o un navegador. • Ir al *endpoint* del componente del *backend* (Actualizar perfil). • Copiar y pegar la información necesaria en Postman. • Llenar los datos requeridos, incluyendo la universidad, número de celular, carrera y el enlace de la imagen de perfil. • Ejecutar el *request.*	
Resultado deseado: El *backend* mediante el *endpoint* actualizar perfil permite actualizar al usuario cierta información.	
Evaluación de la prueba: El usuario queda satisfecho con el resultado obtenido al 100%	

Ar realizar las pruebas de aceptación se ha validado la adecuada implementación de los requisitos establecidos y se ha asegurado la conformidad de los módulos con las expectativas del cliente.

3.6 *Sprint* 5. Despliegue del *backend* en Vercel

Este *Sprint* trae consigo la realización de la siguiente tarea para el despliegue:

* Despliegue del *backend* en Vercel.

Al finalizar el desarrollo de cada módulo y realizar las pruebas descritas en este documento, se procede a la implementación en el entorno de producción. La URL de acceso al entorno de producción es la siguiente:

https://gestion-proyectos-gamma.Vercel.app

4 CONCLUSIONES

En esta sección del documento, se presentan las conclusiones surgidas durante el desarrollo del *backend* como parte del Trabajo de Integración Curricular:

- Para garantizar el éxito del proyecto desarrollado, se ha adoptado un desarrollo con un enfoque centrado en los requerimientos recopilados al inicio del proyecto. Limitando el proyecto a desarrollar solo las funciones solicitadas, se asegura una comprensión clara de las tareas y se evita la creación de características innecesarias.

- La implementación del patrón arquitectónico Modelo-Vista-Controlador (MVC) ha proporcionado al *backend* una organización eficaz y efectiva. Esta estructura organizada por funcionalidades y bloques estables ha mejorado la mantenibilidad del código y la robustez de la estructura del *backend*.

- La Base de Datos diseñada y estructurada cuidadosamente garantiza la coherencia y eficiencia de los datos con las necesidades del sistema, facilitando así la integridad de los datos.

- El manejo de *endpoints,* clasificados mayoritariamente como privados que requieren un token para el acceso, y unos pocos que no lo requieren, asegura un control riguroso de los recursos del sistema y proporciona una mejor experiencia al usuario al exigir autenticación para acceder a ciertos *endpoints*.

- La realización de pruebas unitarias, de carga y de aceptación al *backend* es una práctica esencial que garantiza la calidad y la flexibilidad de este. Estas pruebas permiten identificar y corregir posibles errores, asegurando la fortaleza y solidez del *backend*. Además, proporcionan una validación exhaustiva de las funcionalidades implementadas, asegurando que el sistema cumpla con los requisitos establecidos y las expectativas del usuario final.

- El despliegue del *backend* en un servicio en la nube como Vercel ha sido una decisión óptima con varios beneficios para el *backend*. Esto incluye escalabilidad, monitoreo y disponibilidad, convirtiéndolo en una solución que se adapta a las demandas del desarrollo.

5 RECOMENDACIONES

En esta sección del documento, se presentan las recomendaciones surgidas durante el desarrollo del *backend* como parte de este Trabajo de Integración Curricular:

- Se recomienda mantener actualizadas las librerías utilizadas en el *backend*, ya que las nuevas versiones suelen incluir nuevas funcionalidades y mejoras que pueden simplificar el código y mejorar el rendimiento.

- Se recomienda organizar el código en una estructura modular para facilitar su comprensión y administración. Al nombrar los archivos, tanto modelos como controladores, se debe utilizar un nombre claro que refleje su función y propósito dentro del sistema.

- Se recomienda utilizar un sistema de control de versiones como Git para realizar un seguimiento preciso de los cambios realizados en el código del *backend*. Además, se recomienda utilizar plataformas de alojamiento de repositorios como GitHub para almacenar el código y facilitar la colaboración entre los miembros del equipo de desarrollo.

6 REFERENCIAS BIBLIOGRÁFICAS

[1] Plataforma Colaborativa de Gestion Academica basada en un Enfoque Constructivista (Social Academic Management Collaborative Plataform based on a Social Constructivist Approach), Disponible en: https://www.researchgate.net/publication/359416940_Plataforma_Colaborati va_de_Gestion_Academica_basada_en_un_Enfoque_Constructivista_Socia l_Academic_Management_Collaborative_Platform_based_on_a_Social_Co nstructivist_Approach

[2] J. Smith, "The impact of research projects on student learning," Journal of Higher Education, vol. 73, no. 4, pp. 420-449, 2002.

[3] P. Dillenbourg, "Collaborative Learning: Cognitive and Computational Approaches," Elsevier Science, 1999.

[4] P. Smith, "The Role of Backend in Web Systems," in IEEE Web Development Journal, vol. 8, no. 2, pp. 45-52, 20XX.

[5] "¿Qué es una API y cómo funciona?" [En línea]. Disponible en: https://www.redhat.com/es/topics/api/what-are-application-programminginterfaces. [Consultado el 20 jul. 2023].

[6] "Elección entre API de REST y API HTTP." [En línea]. Disponible en: https://docs.aws.amazon.com/es_es/apigateway/latest/developerguide/httpa pi-vs-rest.html. [Consultado en: 23 jul. 2023].

[7] EG Maida, "Metodologías de desarrollo de software", Repositorio UCA, 2015. [En línea]. Disponible en: https://repositorio.uca.edu.ar/bitstream/123456789/522/1/metodologiasdesar rollo-software.pdf [Consultado en: 23 jul. 2023].

[8] MA Castillo Chanavá, "Diseño de una plataforma web para que estudiantes ...", Pirhua, 2023. [En línea]. Disponible en:

https://pirhua.udep.edu.pe/bitstream/handle/11042/5937/PYT_Informe_Final_Proyecto_AlumnoConecta.pdf?sequence=1&isAllowed=y [Consultado en: 23 jul. 2023].

[9]   Atlassian.   "Types   of   Software   Testing."   Atlassian.   Available: https://www.atlassian.com/es/continuous-delivery/software-testing/types-ofsoftwaretesting#:~:text=Pruebas%20unitarias&text=Consisten%20en%20probar%20 métodos%20y,un%20servidor%20de%20integración%20continua. [Consultado en: 23 jul. 2023].

[10] Autor desconocido, "Metodologías de desarrollo de software," Universitat Carlemany,   2021.   Disponible   en: https://www.universitatcarlemany.com/actualidad/blog/metodologias-dedesarrollo-de-software/. Consultado en: 10 ago, 2023.

[11] C Drumond, "Qué es scrum y cómo empezar" Atlassian, 2022. Disponible en: https://www.atlassian.com/es/agile/scrum Consultado en: 10 ago, 2023.

[12] "Scribd,   Requerimientos   en   Scrum,"   [Online].   Disponible: https://es.scribd.com/document/377718546/Requerimientos-en-Scrum.
Consultado en: 10 ago, 2023.

[13] "asana, Qué es product backlog y guía para hacer uno con ejemplo," [Online]. Disponible: https://asana.com/es/resources/product-backlog. Consultado en: 10 ago, 2023.

[14] OpenWebinars, "Arquitectura de software: Qué es y qué tipos existen," OpenWebinars   Blog.   [Online].   Disponible: https://openwebinars.net/blog/arquitectura-de-software-que-es-y-que-tiposexisten/, Consultado en: 11 ago, 2023.

[15] Autor desconocido, "MVC es un patrón de diseño Modelo-Vista-Controlador

(MVC) y su ...," SciELO. Disponible en: http://www.scielo.org.bo/scielo.php?script=sci_arttext&pid=S168307892004000100005#:~:text=MVC%20es%20un%20patr%C3%B3n%20de,las%20Vistas%20y%20el%20Controlador. Consultado en: 11 ago, 2023.

[16] H. Fuentes. "Las Mejores Herramientas en el Desarrollo de Software". ISIL PE. Accedido el 9 de enero de 2024. [En línea]. Disponible: https://isil.pe/blog/tecnologia/mejores-herramientas-desarrollo-software/

[17] Castellanos, E. (2021, 14 de febrero). Git vs GitHub – ¿Qué es el Control de Versiones y Cómo Funciona? freeCodeCamp.org. https://www.freecodecamp.org/espanol/news/git-vs-github-what-is-versioncontrol-and-how-does-it-work/

[18] Gomez, C. E. P. (2023, 16 de agosto). Cómo usar Nodemailer para enviar correos electrónicos desde tu servidor Node.js. freeCodeCamp.org. https://www.freecodecamp.org/espanol/news/como-usar-nodemailer-paraenviar-correos-electronicos-desde-tu-servidor-node-js/

[19] Assembler Institute of Technology. (22 oct. 2022). " ¿Qué es Postman? Características y Ventajas." [En línea]. Disponible en: https://assemblerinstitute.com/blog/que-es-postman/ Consultado en: 11 ago, 2023.

[20] "¿Qué es PostgreSQL? | IBM". IBM in Deutschland, Österreich und der Schweiz | IBM. Accedido el 9 de enero de 2024. [En línea]. Disponible: https://www.ibm.com/mx-es/topics/postgresql

[21] Render. (Fecha Desconocida). "Render" [En línea]. Disponible en: https://render.com. Consultado en: 11 ago, 2023.

[22] "Introducción a Express/Node - Aprende desarrollo web | MDN". MDN Web Docs. Accedido el 17 de noviembre de 2023. [En línea]. Disponible: https://developer.mozilla.org/es/docs/Learn/Serverside/Express_Nodejs/Introduction

[23] "Qué es JavaScript? - Aprende desarrollo web | MDN". MDN Web Docs. Accedido el 17 de noviembre de 2023. [En línea]. Disponible: https://developer.mozilla.org/es/docs/Learn/JavaScript/First_steps/What_is_ JavaScript

[24] H. Fuentes. "Las Mejores Herramientas en el Desarrollo de Software". ISIL PE. Accedido el 9 de enero de 2024. [En línea]. Disponible: https://isil.pe/blog/tecnologia/mejores-herramientas-desarrollo-software/

[25] "Vercel: Desarrollar, Previsualizar, Enviar". Aplyca Tecnología SAS. Accedido el 9 de enero de 2024. [En línea]. Disponible: https://www.aplyca.com/blog/blog-que-es-Vercel-desarrollar- previsualizarenviar

[26] "bcryptjs". npm. Accedido el 9 de enero de 2024. [En línea]. Disponible: https://www.npmjs.com/package/bcryptjs?activeTab=readme

[27] "Intercambio de recursos de origen cruzado (CORS) - HTTP | MDN". MDN Web Docs. Accedido el 9 de enero de 2024. [En línea]. Disponible: https://developer.mozilla.org/es/docs/Web/HTTP/CORS

[28] "dotenv". npm. Accedido el 9 de enero de 2024. [En línea]. Disponible: https://www.npmjs.com/package/dotenv

[29] "jsonwebtoken". npm. Accedido el 9 de enero de 2024. [En línea]. Disponible: https://www.npmjs.com/package/jsonwebtoken

[30] "Welcome – node-postgres". Welcome – node-postgres. Accedido el 9 de enero de 2024. [En línea]. Disponible: https://node-postgres.com/

[31] "Sequelize". Sequelize | Feature-rich ORM for modern TypeScript & JavaScript. Accedido el 9 de enero de 2024. [En línea]. Disponible: https://sequelize.org/

[32] Guía completa de Test Unitarios: qué son cómo funcionan y por qué son esenciales en el desarrollo de software - Testealo. (s.f.). Testealo.

https://testealo.com/guia-completa-de-test-unitarios-que-son-comofuncionan-y-por-que-son-esenciales-en-el-desarrollo-de-software/ [33] Pruebas unitarias con Mocha y Chai. (s.f.). Marta González. https://martagonzalez.dev/blog/pruebas-unitarias-con-mocha-y-chai/

[34] Singureanu, C. (2023, 3 de julio). Pruebas de estrés: tipos, proceso, herramientas, listas de comprobación y más. ZAPTEST. https://www.zaptest.com/es/pruebas-de-estres-en-pruebas-de-software-quees-tipos-procesos-enfoques-herramientas-mas

7 ANEXOS

A continuación, se presentan los anexos de este Proyecto de Integración Curricular.

ANEXO I. Certificado de Originalidad

ANEXO II. Manual de Usuario

ANEXO III. Manual de Instalación

ANEXO IV. Credenciales de acceso, despliegue y documentación

ANEXO I

ESCUELA POLITÉCNICA NACIONAL
ESCUELA DE FORMACIÓN DE TECNÓLOGOS
CAMPUS POLITÉCNICO "ING. JOSÉ RUBÉN ORELLANA"

CERTIFICADO DE ORIGINALIDAD

Quito, D.M. 13 de febrero de 2024

De mi consideración:

Yo, VANESSA KATHERINE GUEVARA BALAREZO, en calidad de Director del Trabajo de Integración Curricular titulado DESARROLLO DE UN BACKEND asociado al DESARROLLO DE UNA PLATAFORMA DE GESTIÓN COLABORATIVA PARA PROYECTOS DE INVESTIGACION elaborado por el estudiante DANNY ALEXIS VINUEZA ZAVALA de la carrera en TECNOLOGÍA SUPERIOR EN DESARROLLO DE SOFTWARE, certifico que he empleado la herramienta Turnitin para la revisión de originalidad del documento escrito secciones: Descripción del componente desarrollado, Metodología, Resultados, Conclusiones y Recomendaciones (sin anexos), producto del Trabajo de Integración Curricular indicado.

El documento escrito tiene un índice de similitud del 11%.

Es todo cuanto puedo certificar en honor a la verdad, pudiendo el interesado hacer uso del presente documento para los trámites de titulación.

NOTA: Se adjunta el informe generado por la herramienta Turnitin.

Atentamente,

____

Vanessa Guevara
Docente Ocasional a Tiempo Completo
ESFOT

ANEXO II

Recopilación de requerimientos

En la **Tabla 1** se muestran los requerimientos que han sido recopilados al inicio del proyecto, los cuales fueron emitidos por el *ProductOwner*.

Tabla 1: Recopilación de los requerimientos

RECOPILACIÓN DE REQUERIMIENTOS		
TIPO DE SISTEMA	**ID – RR**	**ENUNCIADO DEL ITEM**
Backend	**RR-001**	Como usuario general se necesita *endpoints* para: • Registrar usuario. • Verificar cuenta.
	RR-002	Como usuario general se necesita un *endpoint* para lo siguiente: • Iniciar sesión. • Modificar contraseña. • Recuperar contraseña.
	RR-003	Como usuario general se necesita el *endpoint* para: • Modificar perfil.
	RR-004	Como usuario general se necesita un *endpoint* para: • Visualizar todos los proyectos registrados en el sistema (Pantalla Home).
	RR-005	Como usuario general se necesita los *endpoints* para gestionar proyectos: • Crear. • Editar. • Eliminar. • Visualizar.
	RR-006	Como usuario general se necesita los *endpoints* para: • Visualizar Notificaciones. • Eliminar Notificaciones.

	RR-007	Como usuario general se necesita el *endpoint* para: • Enviar la notificación de colaborador en un proyecto mediante correo electrónico.
	RR-008	Como usuario general se necesita el *endpoint* para: • Visualizar los proyectos en los que colabora el usuario.
	RR-009	Como usuario general se necesita el *endpoint* para: • Solicitar unirse en un proyecto.
	RR-010	Como usuario general se necesita el *endpoint* para: • Buscar proyectos por palabra clave y por usuario.
	RR-011	Como usuario general se necesita el *endpoint* para: • Visualizar resumen de estado de los proyectos.
	RR-012	Como usuario general se necesita *endpoints* para: • Aceptar o Rechazar solicitud del nuevo colaborador del proyecto. • Aceptar o Rechazar invitación para colaborar en un proyecto.
	RR-013	Como usuario general se necesita el *endpoint* para: • Visualizar perfiles de usuarios.
	RR-014	Como usuario general se necesita *endpoints* para: • Agregar colaboradores. • Eliminar colaboradores. • Asignar permisos al colaborador (permisos por defecto). • Cambiar los permisos del colaborador. • Visualizar a los colaboradores.
	RR-015	Como usuario general se necesita el *endpoint* para: • Editar proyecto en colaboración (si tiene los permisos)

	RR-016	Como usuario administrador se necesita *endpoints* para:
		• Ver y eliminar los usuarios.
		• Ver y eliminar los proyectos.

Historias de Usuario

Una vez obtenido los requerimientos, se elaboran las historias de usuario para el componente. Dando un total de 12 historias de usuarios desde la **Tabla 2** hasta la **Tabla 13.**

Tabla 2: Registrar usuario

HISTORIA DE USUARIO	
Identificador: HU001	**Usuario:** Usuario general
Nombre de historia: Registrar usuario	
Prioridad en Negocio: Alta	**Riesgo en el Desarrollo:** Medio
Iteración asignada: 1	
Responsable: Danny Vinueza	
Descripción: Los datos del usuario se recopilan en formato JSON para utilizar el *endpoint* de registrar usuario y verificar cuenta.	
Observación: El usuario debe completar los campos requeridos y si desea los campos opcionales, como la imagen de perfil. Se lleva a cabo la validación de los tipos de datos recibidos. Se envía un correo electrónico para verificar la cuenta.	

Tabla 3: Inicio y cierre de sesión, recuperación y modificación de contraseña

HISTORIA DE USUARIO	
Identificador: HU002	**Usuario:** Usuario general
Nombre de historia: Iniciar sesión, modificar y recuperar contraseña.	
Prioridad en Negocio: Alta	**Riesgo en el Desarrollo:** Medio
Iteración asignada: 1	
Responsable: Danny Vinueza	

Descripción: Se ingresan las credenciales del usuario en un JSON con campos requeridos para utilizar los siguientes *endpoints:*
• Recuperar la contraseña: mediante el ingreso del correo electrónico. • Modificar la contraseña: se ingresan la contraseña antigua y la nueva, además del correo electrónico.
Observación: El usuario debe completar todos los campos para validar sus credenciales. La recuperación de contraseña se realizará mediante su correo electrónico y un código de verificación. La modificación de la contraseña se llevará a cabo mediante un mensaje de confirmación.

Tabla 4: Modificación de perfil

	HISTORIA DE USUARIO
Identificador: HU003	**Usuario:** Usuario general
Nombre de historia: Modificar perfil.	
Prioridad en Negocio: Alta	**Riesgo en el Desarrollo:** Medio
Iteración asignada: 1	
Responsable: Danny Vinueza	
Descripción: Mediante el ingreso del correo electrónico y la contraseña, se crea un *endpoint* que permite acceder a la información del perfil para su modificación.	
Observación: Los campos de Universidad, Carrera, Número de celular e imagen del perfil podrán ser modificados.	

Tabla 5: Gestionar proyectos

	HISTORIA DE USUARIO
Identificador: HU004	**Usuario:** Usuario general
Nombre de historia: Gestionar proyectos.	
Prioridad en Negocio: Alta	**Riesgo en el Desarrollo:** Medio
Iteración asignada: 2	
Responsable: Danny Vinueza	

Descripción: Se crean los *endpoints* respectivos para:
• Crear un proyecto.   • Editar un proyecto.   • Eliminar un proyecto.   • Visualizar todos los proyectos.
Observación: Una vez iniciada la sesión, los proyectos creados se listarán en un JSON. Para editar y eliminar un proyecto, se realizará a través del ID asignado a cada proyecto.

Tabla 6: Gestión de notificaciones

HISTORIA DE USUARIO	
Identificador: HU005	**Usuario:** Usuario general
Nombre de historia: Gestionar notificaciones.	
Prioridad en Negocio: Alta	**Riesgo en el Desarrollo:** Medio
Iteración asignada: 2	
Responsable: Danny Vinueza	
Descripción: Se crean los *endpoints* para: • Visualizar notificaciones. • Eliminar notificaciones.	
Observación: El usuario recibirá notificaciones cuando otro usuario quiera colaborar en su proyecto. La eliminación de la notificación se realizará cuando se ejecute una de las dos acciones disponibles (aceptar o rechazar) en la notificación.	

Tabla 7: Visualizar todos los proyectos y aplicar filtros, visualizar los proyectos en colaboración

HISTORIA DE USUARIO	
Identificador: HU006	**Usuario:** Usuario general
Nombre de historia: Visualizar todos los proyectos, buscar proyectos y visualizar los proyectos en colaboración.	
Prioridad en Negocio: Alta	**Riesgo en el Desarrollo:** Medio
Iteración asignada: 2	
Responsable: Danny Vinueza	

Descripción: Se crean los *endpoints* para:
<ul><li>Visualizar todos los proyectos registrados en el sistema (Pantalla Home).</li><li>Buscar proyectos por palabra clave y por usuario.</li><li>Visualizar los proyectos en los que colabora el usuario.</li></ul>
Observación: Se debe de iniciar sesión para acceder a estos *endpoints.*

Tabla 8: Estadísticas de avances de los proyectos

	HISTORIA DE USUARIO
Identificador: HU007	**Usuario:** Usuario general
Nombre de historia: Visualizar resumen de estado de los proyectos	
Prioridad en Negocio: Medio	**Riesgo en el Desarrollo:** Baja
Iteración asignada: 2	
Responsable (es): Danny Vinueza	
Descripción: Se crea el *endpoint* para visualizar un resumen de los estados de los proyectos.	
Observación: Se enviará un JSON con los datos respectivos.	

Tabla 9: Gestión de estados del proyecto

	HISTORIA DE USUARIO
Identificador: HU008	**Usuario:** Usuario general
Nombre de historia: Aceptar o rechazar solicitud o invitación de nuevo colaborador	
Prioridad en Negocio: Medio	**Riesgo en el Desarrollo:** Baja
Iteración asignada: 3	
Responsable: Danny Vinueza	
Descripción: Se crean los *endpoints* para:<ul><li>Aceptar solicitud de nuevo colaborador.</li><li>Rechazar solicitud de nuevo colaborador.</li><li>Aceptar invitación para colaborar en un proyecto.</li><li>Rechazar invitación para colaborar en un proyecto.</li></ul>	
Observación: Cada vez que se acepte o rechace una colaboración, la notificación correspondiente será eliminada.	

Tabla 10: Gestión de colaboradores

	HISTORIA DE USUARIO
Identificador: HU009	**Usuario:** Usuario general
Nombre de historia: Gestionar colaboradores.	
Prioridad en Negocio: Alta	**Riesgo en Desarrollo:** Medio
Iteración asignada: 3	
Responsable: Danny Vinueza	
Descripción: Para el usuario se crean los siguientes *endpoints:* • Agregar colaboradores. • Eliminar colaboradores. • Asignar permisos por defecto al colaborador (solo editar). • Cambiar los permisos del colaborador. • Visualizar a los colaboradores. • Solicitar unirse en un proyecto. • Enviar la notificación de colaborador en un proyecto mediante correo electrónico.	
Observación: El usuario cuando agrega un colaborador o acepta uno, podrá dar los permisos por defecto o seleccionar los permisos que desee.	

Tabla 11: Visualizar perfiles de usuarios

	HISTORIA DE USUARIO
Identificador: HU010	**Usuario:** Usuario general
Nombre de historia: Visualizar perfiles de usuarios	
Prioridad en Negocio: Alta	**Riesgo en Desarrollo:** Medio
Iteración asignada: 3	
Responsable: Danny Vinueza	
Descripción: Para el usuario se crean *endpoints* para: • Visualizar perfiles de usuarios.	
Observación:	

Tabla 12: Editar proyecto en colaboración

HISTORIA DE USUARIO	
Identificador: HU011	**Usuario:** Usuario general
Nombre de historia: Editar proyecto en colaboración (si tiene los permisos)	
Prioridad en Negocio: Alta	**Riesgo en Desarrollo:** Medio
Iteración asignada: 3	
Responsable: Danny Vinueza	
Descripción: Para el usuario se crean los siguientes *endpoints:* • Editar proyecto en colaboración (si tiene los permisos).	
Observación:	

Tabla 13: Visualizar y eliminar todos los proyectos y usuarios - Administrador

HISTORIA DE USUARIO	
Identificador: HU012	**Usuario:** Administrador
Nombre de historia: Visualizar y eliminar todos los proyectos y usuarios	
Prioridad en Negocio: Alta	**Riesgo en Desarrollo:** Medio
Iteración asignada: 3	
Responsable: Danny Vinueza	
Descripción: Para el usuario administrador se crean los siguientes *endpoints:* • Listar usuarios y eliminar usuarios. • Listar proyectos y eliminar proyectos.	
Observación: El administrador puede ver todos los proyectos y usuarios. Además, si el administrador lo cree necesario puede eliminar por el id ya sea del proyecto o usuario.	

Product Backlog

En base a las historias de usuario y a la prioridad que tiene cada módulo para su implementación en la **Tabla 14** se indica la prioridad asignada a cada historia de usuario.

Tabla 14: *Product Backlog*

PRODUCT BACKLOG				
ID-HU	**HISTORIA DE USUARIO**	**ITERACIÓN**	**ESTADO**	**PRIORIDAD**
HU001	Registrar usuario.	1	Finalizado	Alta
HU002	Iniciar sesión, modificar y recuperar contraseña.	1	Finalizado	Alta
HU003	Modificar perfil.	1	Finalizado	Alta
HU004	Gestionar proyectos.	2	Finalizado	Alta
HU005	Gestionar notificaciones.	2	Finalizado	Alta
HU006	Visualizar todos los proyectos, buscar proyectos y visualizar los proyectos en colaboración.	2	Finalizado	Alta
HU007	Visualizar resumen de estado de los proyectos.	2	Finalizado	Medio
HU008	Aceptar o rechazar solicitud o invitación de nuevo colaborador	3	Finalizado	Medio
HU009	Gestionar colaboradores.	3	Finalizado	Alta
HU010	Visualizar perfiles de usuarios.	3	Finalizado	Alta
HU011	Editar proyecto en colaboración (si tiene los permisos)	3	Finalizado	Alta
HU012	Visualizar y eliminar todos los proyectos y usuarios	3	Finalizado	Alta

Sprint Backlog

En la **Tabla 15** se detallan los *Sprints* que se han desarrollado por el *backend,* incluyendo una descripción de las actividades que se han realizado y el tiempo que se ha establecido para su cumplimiento, según lo establecido por el dueño del producto.

Tabla 15: *Sprint Backlog*

SPRINT BACKLOG						
ID-SB	Nombre	Modulo	ID-HU	Historia de Usuario	Tareas	Tiempo Estimado
SB000	Configuración del ambiente de desarrollo	N/A	N/A	N/A	• Recopilación y definición de los requerimientos. • Creación de la estructura del proyecto *backend.* • Diseño y creación de la base de datos. • Definición y asignación de los roles de usuario.	10H
SB001	Diseño e implementación de *endpoints* para gestión de usuario	Registro de usuarios.	HU001	Registrar usuario.	• Diseño y creación de *endpoints* para registrar usuarios. • Validación de datos. • Registrar en la base de datos.	50H
		Módulo de inicio de sesión, recuperación	HU002	Iniciar sesión, modificar y	• Diseño y creación de *endpoints* para iniciar sesión, recuperar y modificar la contraseña.	

			y modificación de contraseña.	recuperar contraseña.	<ul><li>Validación de datos.</li><li>Registrar en la base de datos.</li></ul>	
		Modulo Modificar Perfil.	HU003	Modificar el perfil del usuario.	<ul><li>Diseño y creación del *endpoint* para modificar el perfil.</li><li>Validación de datos.</li><li>Registrar en la base de datos.</li></ul>	
SB002	Diseño e implementación de *endpoints* para gestión de proyectos	Modulo gestionar proyectos.	HU004	Gestionar proyectos.	<ul><li>Diseño y creación de los endpoints para visualizar, eliminar, crear y editar los proyectos.</li><li>Validación de datos.</li><li>Registrar en la base de datos.</li></ul>	70 H
		Modulo gestión de notificaciones.	HU005	Gestionar notificaciones.	<ul><li>Diseño y creación de los *endpoints* para visualizar y eliminar notificaciones.</li><li>Validación de datos.</li><li>Registrar en la base de datos.</li></ul>	
		Modulo visualizar todos los proyectos, buscar proyectos y visualizar los proyectos en colaboración.	HU006	Visualizar todos los proyectos, buscar proyectos y visualizar los proyectos en colaboración.	<ul><li>Diseño y creación de los *endpoints* para visualizar todos los proyectos del sistema, buscar proyectos por palabra clave y por usuario, y para ver los proyectos en los que hay colaboración.</li><li>Validación de datos.</li><li>Registrar en la base de datos.</li></ul>	

		Módulo de estadísticas de avances de los proyectos.	HU007	Visualizar resumen de estado de los proyectos.	<ul><li>Diseño y creación de los *endpoints* para visualizar estadísticas de los proyectos.</li><li>Validación de datos.</li><li>Registrar en la base de datos.</li></ul>	
SB003	Diseño e implementación de *endpoints* para gestión de colaboradores	Modulo gestión de aceptación o rechazo de colaboración de un proyecto.	HU008	Aceptar o rechazar solicitud o invitación de nuevo colaborador.	<ul><li>Diseño y creación de los *endpoints* para aceptar o rechazar una invitación o solicitud de colaboración.</li><li>Validación de datos.</li><li>Comprobación en la base de datos y eliminación una vez se acepte o se rechace.</li></ul>	70 H
		Modulo gestionar colaboradores.	HU009	Gestionar los colaboradores del proyecto.	<ul><li>Diseño y creación de los *endpoints* cambiar los permisos al colaborador, visualizar el perfil del colaborador, visualizar los colaboradores del proyecto.</li><li>Validación de datos.</li><li>Registrar en la base de datos.</li></ul>	
		Modulo visualizar perfiles.	HU010	Visualizar perfiles de usuarios.	<ul><li>Diseño y creación de los *endpoints* para visualizar perfiles de usuario.</li><li>Validación de datos.</li></ul>	

	Modulo editar proyectos en los que colabora.	HU011	Editar proyecto en colaboración (si tiene los permisos).	• Diseño y creación de los *endpoints* para editar los proyectos en colaboración, si tiene los permisos necesarios. • Validación de datos. • Registrar en la base de datos.	
	Módulo Administrador.	HU012	Visualizar y eliminar todos los proyectos y usuarios.	• Diseño y creación de los *endpoints* para el administrador. • Validación de datos. • Registrar en la base de datos.	
SB004	Pruebas del *backend*		• Pruebas unitarias. • Pruebas de estrés. • Pruebas de aceptación.		10H
SB005	Despliegue del *backend*		• Despliegue del *backend* en Vercel.		10H
Documentación			• Trabajo de Integración curricular. • Anexos. • Generación de la documentación de cada *endpoint* en Postman.		20H
TOTAL					**240H**

Pruebas

Al finalizar la fase de desarrollo, se llevan a cabo pruebas necesarias para garantizar el funcionamiento del *backend,* asegurando que cumpla con los requerimientos establecidos en la Recopilación de Requerimientos.

Pruebas unitarias

Se han implementado pruebas unitarias para evaluar bloques o funciones específicas del *backend* a nivel de código. En el primer bloque de código a realizar la prueba, representado en la **Figura 1** que corresponde a listar las notificaciones del usuario. El resultado se evidencia en la **Figura 2.**

Otra prueba realizada fue para cambiar los permisos del usuario como colaborador, cuyo código se muestra en la **Figura 3**, y los resultados de esta prueba se evidencian en la **Figura 4.**

Asimismo, se llevó a cabo una prueba para la funcionalidad de registrar un nuevo usuario, con su respectivo código en la **Figura 5**, y los resultados de esta prueba se muestran en la **Figura 6.**

```javascript
describe('Listar las notificaciones', function () {
    it('Listar las notificaciones del usuario', async function () {

        let req = {
            user: {
                id: 15
            }
        }

        let res = {
            status: function (code) {

                expect(code).to.equal(200)
                return this;
            },
            json: function (data) {

                expect(data).to.have.all.keys('status', 'notificaciones');
                expect(data.status).to.be.true;
                expect(data.notificaciones).to.be.an('array');
            }
        }

        listarNotificaciones(req, res);
    });
});
```

Figura 1: Código para probar listar las notificaciones

Figura 2: Resultado de la prueba, listar notificaciones

Figura 3: Código para probar cambiar los permisos

```
> gestion_proyectos@1.0.0 test
> mocha --recursive src/test



  Cambiar permisos
Conexión establecida con éxito.
    ✓ Cambiar los permisos de un colaborador que tiene sobre el proyecto (175ms)


  1 passing (179ms)

Modelos sincronizados con la base de datos.
```

Figura 4: Resultado de la prueba, cambiar permisos

```
describe('Registrar', function () {
    it('Registrar usuario', async function () {
        // crea un objeto válido para pasar a la función
        let req = {
            body: {
                email: "gaxajit641@ikuromi.com",
                contrasenia: "123456789",
                nombres: "Danny Vinueza",
                universidad: "EPN",
                carrera: "Desarrollo de Software",
                numero_celular: "593998784578",
                ocupacion: "Estudiante",
                link_imagen_perfil: ""
            }
        };
        // crea un objeto res con una funcion json para capturar la respuesta de la función
        let res = {
            status: function (code) {
                // usa expect de chai para verificar que el código de estado sea el esperado
                expect(code).to.equal(200);
                // devuelve el mismo objeto res para poder encadenar la funcion json
                return this;
            },
            json: function (data) {
                // usa expect de chai para verificar que el dato sea el esperado
                expect(data).to.deep.equal({ status: true, msg: "Usuario registrado" });
            }
        };
        // llama a la funcion con los objetos req y res
        await registro(req, res);
    });
});
```

Figura 5: Código para probar registrar un nuevo usuario

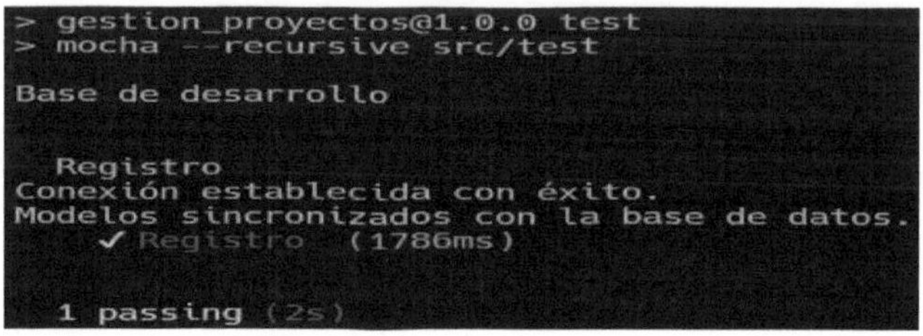

```
> gestion_proyectos@1.0.0 test
> mocha --recursive src/test

Base de desarrollo

  Registro
Conexión establecida con éxito.
Modelos sincronizados con la base de datos.
    ✓ Registro (1786ms)

  1 passing (2s)
```

Figura 6: Resultados de la prueba, registrar un nuevo usuario

Pruebas de estrés

En esta sección se presentan los resultados de tres pruebas de estrés, que muestran el comportamiento de los *endpoints* bajo una carga determinada por un número de usuarios accediendo por segundo. Estas pruebas se realizaron con 2000 usuarios, con 666 usuarios accediendo cada 3 segundos.

En la **Figura 7** se muestra el resultado de la prueba con un número de usuarios consultando todos los proyectos. En la **Figura 8** se presentan los resultados de la prueba para obtener todas las notificaciones, y en la **Figura 9** se muestran los resultados para ver los permisos.

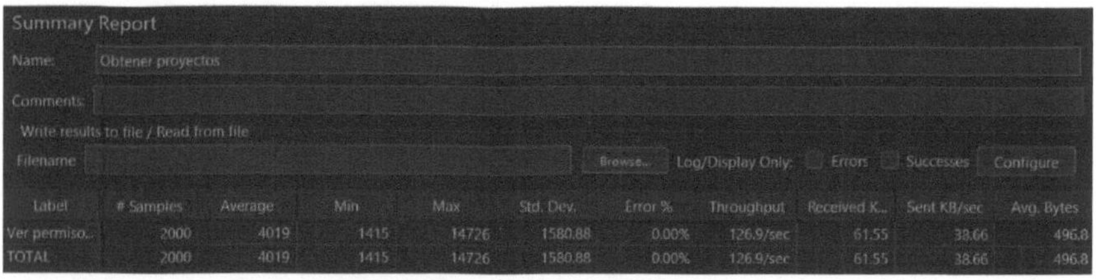

Summary Report

Name: Obtener proyectos

Comments:

Write results to file / Read from file

Filename | Browse... | Log/Display Only: Errors Successes | Configure

Label	# Samples	Average	Min	Max	Std. Dev.	Error %	Throughput	Received K...	Sent KB/sec	Avg. Bytes
Ver permiso...	2000	4019	1415	14726	1580.88	0.00%	126.9/sec	61.55	38.66	496.8
TOTAL	2000	4019	1415	14726	1580.88	0.00%	126.9/sec	61.55	38.66	496.8

Figura 7: Obtener proyectos

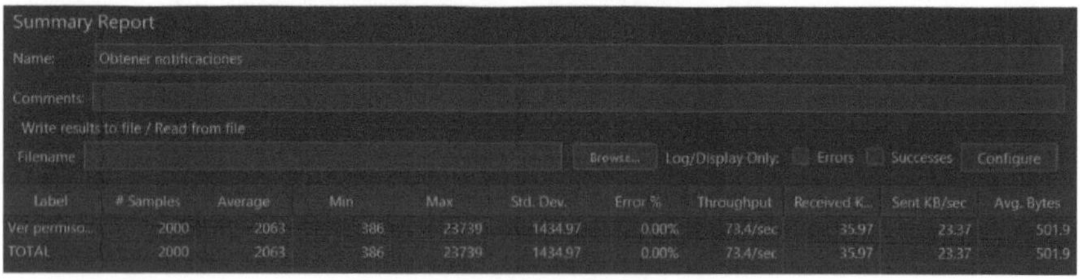

Summary Report

Name: Obtener notificaciones

Comments:

Write results to file / Read from file

Filename | Browse... | Log/Display Only: Errors Successes | Configure

Label	# Samples	Average	Min	Max	Std. Dev.	Error %	Throughput	Received K...	Sent KB/sec	Avg. Bytes
Ver permiso...	2000	2063	386	23739	1434.97	0.00%	73.4/sec	35.97	23.37	501.9
TOTAL	2000	2063	386	23739	1434.97	0.00%	73.4/sec	35.97	23.37	501.9

Figura 8: Obtener notificaciones

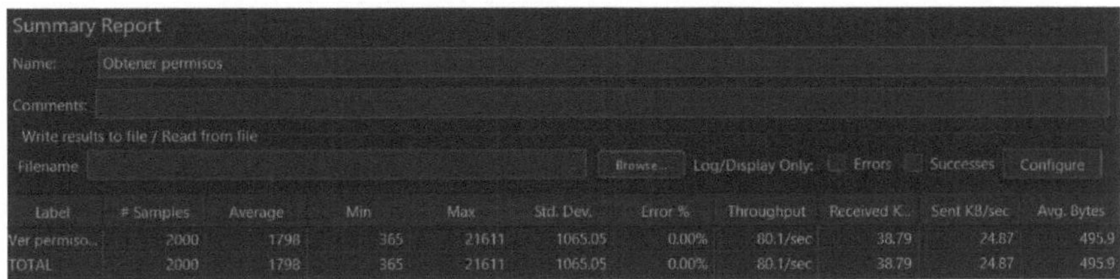

Figura 9: Ver permisos

Pruebas de aceptación

Las pruebas de aceptación son fundamentales, ya que describen y validan todo el proceso con las tareas asignadas para el desarrollo del componente *backend*. Es crucial que estas pruebas funcionen correctamente para garantizar el correcto desarrollo del sistema.

A continuación, se enumeran las pruebas de aceptación desde la **Tabla 16** hasta la **Tabla 27**.

Tabla 16: Prueba de aceptación 1, Registrar usuario

	PRUEBA DE ACEPTACIÓN
Identificador (ID): PA-001	**Identificador de historia de Usuario:** HU-001
Nombre: Registrar usuario	
Descripción: • Para utilizar el *endpoint* "Registrar", se requiere recopilar un JSON con los datos del usuario.	
Pasos de ejecución: • El usuario debe de realiza lo siguiente: • Acceder al URL de la documentación en Postman o un navegador. • Acceder al *endpoint* del componente del *backend* (Registrar). • Utilizar la información necesaria y copiarla. • Pegar la información en Postman y completar los campos requeridos. • Ejecutar el *request.*	
Resultado deseado: Al utilizar el *endpoint* "Registrar" del *backend,* se logra exitosamente el registro del usuario.	

Evaluación de la prueba:
El usuario queda satisfecho con el resultado obtenido al 100%

Tabla 17: Prueba de aceptación 2, Iniciar sesión, modificar y recuperar contraseña

PRUEBA DE ACEPTACIÓN	
Identificador (ID): PA-002	**Identificador de historia de Usuario:** HU-002
Nombre: Iniciar sesión, modificar y recuperar contraseña.	

Descripción:

El usuario, al completar los campos requeridos, puede acceder a los siguientes *endpoints:*

- Iniciar sesión.
- Recuperar contraseña.
- Modificar la contraseña.

Pasos de ejecución:

Para el inicio de sesión:

- Acceder al URL de la documentación en Postman o un navegador.
- Ir al *endpoint* del componente del *backend* (Iniciar sesión).
- Copiar y pegar la información necesaria en Postman, llenando los campos de email y contraseña.
- Ejecutar el *request.*

Para la recuperación de la contraseña:

- Acceder al URL de la documentación en Postman o un navegador.
- Ir al *endpoint* del componente *backend* (Recuperar contraseña).
- Copiar y pegar la información requerida en Postman, llenando el campo de email.
- Ejecutar el *request.*
- Validar el proceso de recuperación accediendo al correo.
- Una vez validado, ir al *endpoint* del componente *backend* (Nueva contraseña).
- Copiar y pegar la información necesaria en Postman, llenando los campos de contraseña y confirmar contraseña.
- Ejecutar el *request.*

Para la modificación de la contraseña:

- Acceder al URL de la documentación en Postman o un navegador.

- Ir al *endpoint* del componente *backend* (Actualizar contraseña).
- Copiar y pegar la información requerida en Postman, llenando los campos de contraseña anterior, contraseña nueva y confirmar contraseña nueva.
- Es necesario haber iniciado sesión previamente para poder realizar la modificación de la contraseña.
- Ejecutar el *request.*

Resultado deseado:

El *backend* mediante los *endpoints* desarrollados permite iniciar sesión, recuperar la contraseña y modificar la contraseña.

Evaluación de la prueba:

El usuario queda satisfecho con el resultado obtenido al 100%

Tabla 18: Prueba de aceptación 3, Modificar Perfil

PRUEBA DE ACEPTACIÓN

Identificador (ID): PA-003	**Identificador de historia de Usuario:** HU-003

Nombre: Modificar perfil

Descripción:

El usuario puede modificar el perfil llenando los siguientes campos:

- Universidad.
- Carrera.
- Numero de celular.
- Link imagen del perfil.

Pasos de ejecución:

El usuario debe de realiza lo siguiente:

- Acceder al URL de la documentación en Postman o un navegador.
- Ir al *endpoint* del componente del *backend* (Actualizar perfil).
- Copiar y pegar la información necesaria en Postman.
- Llenar los datos requeridos, incluyendo la universidad, número de celular, carrera y el enlace de la imagen de perfil.
- Ejecutar el *request.*

Resultado deseado:

El *backend* mediante el *endpoint* actualizar perfil permite actualizar al usuario cierta información.

Evaluación de la prueba:
El usuario queda satisfecho con el resultado obtenido al 100%

Tabla 19: Prueba de aceptación 4, Gestionar proyectos

PRUEBA DE ACEPTACIÓN	
Identificador (ID): PA-004	**Identificador de historia de Usuario:** HU-004
Nombre: Gestionar proyectos	

Descripción:
El usuario con los campos necesarios puede utilizar los siguientes *endpoints*:   • Visualizar todos los proyectos.   • Eliminar un proyecto.   • Crear un proyecto.   • Editar un proyecto.

Pasos de ejecución:
Para visualizar los proyectos el usuario debe realizar lo siguiente: • Acceder al URL de la documentación en Postman o un navegador.   • Ir al *endpoint* del componente del *backend* (Proyectos).   • Copiar y pegar la información requerida en Postman, primero iniciando sesión.   • Ejecutar el *request.*   Para eliminar un proyecto el usuario debe realizar lo siguiente: • Acceder al URL de la documentación en Postman o un navegador.   • Ir al *endpoint* del componente del *backend* (Eliminar proyecto).   • Copiar y pegar la información necesaria en Postman, primero iniciando sesión.   • Ejecutar el *request.*   Para crear un proyecto el usuario debe realizar lo siguiente: • Acceder al URL de la documentación en Postman o un navegador.   • Ir al *endpoint* del componente del *backend* (Crear proyecto).   • Copiar y pegar la información requerida en Postman, primero iniciando sesión.   • Ejecutar el *request.*   Para editar un proyecto el usuario debe realizar lo siguiente: • Acceder al URL de la documentación en Postman o un navegador.   • Ir al *endpoint* del componente del *backend* (Actualizar proyecto).

• Copiar y pegar la información necesaria en Postman, primero iniciando sesión.
• Ejecutar el *request.*
Resultado deseado:
El usuario accede a los *endpoints* respectivos en la cual puede hacer la gestión de los proyectos.
Evaluación de la prueba:
El usuario queda satisfecho con el resultado obtenido al 100%

Tabla 20: Prueba de aceptación 5, Gestionar notificaciones

PRUEBA DE ACEPTACIÓN	
Identificador (ID): PA-005	**Identificador de historia de Usuario:** HU-005
Nombre: Gestión de notificaciones	
Descripción:	
El usuario tiene el acceso a los siguientes *endpoints* para: • Visualizar todas las notificaciones. • Eliminar las notificaciones. • Realizar acciones desde cada notificación. • Ver el perfil del que provoco la notificación.	
Pasos de ejecución:	
Para visualizar las notificaciones, el usuario debe realizar lo siguiente: • Acceder al URL de la documentación en Postman o un navegador. • Ir al *endpoint* del componente del *backend* (Notificaciones). • Copiar y pegar la información requerida en Postman, primero iniciando sesión. • Ejecutar el *request.* Para eliminar las notificaciones y realizar acciones desde cada notificación, el usuario debe realizar lo siguiente: • Acceder al URL de la documentación en Postman o un navegador. • Ir al *endpoint* del componente del *backend* (Aceptar invitación o Rechazar invitación). • Copiar y pegar la información necesaria en Postman, proporcionando el ID de la notificación, primero iniciando sesión. • Ejecutar el *request.*	

Para ver el perfil del usuario que provoco la notificación, se debe realizar lo siguiente:

- Acceder al URL de la documentación en Postman o un navegador.
- Ir al *endpoint* del componente del *backend* (Perfil).
- Copiar y pegar la información requerida en Postman, proporcionando el ID del usuario, primero iniciando sesión.
- Ejecutar el *request*

Resultado deseado:

El usuario accede a los distintos *endpoints* para gestionar las notificaciones.

Evaluación de la prueba:

El usuario queda satisfecho con el resultado obtenido al 100%

Tabla 21: Prueba de aceptación 6, Visualizar todos los proyectos, buscar proyectos y visualizar los proyectos en colaboración

	PRUEBA DE ACEPTACIÓN
Identificador (ID): PA-006	**Identificador de historia de Usuario:** HU-006
Nombre: Visualizar todos los proyectos, buscar proyectos y visualizar los proyectos en colaboración.	

Descripción:

El usuario tiene el acceso a los siguientes *endpoints* para:

- Visualizar todos los proyectos.
- Buscar proyectos por título y usuarios por nombres.
- Visualizar los proyectos en colaboración.

Pasos de ejecución:

Para visualizar todos los proyectos, el usuario debe realizar lo siguiente:

- Acceder al URL de la documentación en Postman o un navegador.
- Dirigirse al *endpoint* del componente del *backend* (Proyectos).
- Copiar y pegar la información necesaria en Postman, iniciando sesión primero.
- Ejecutar el *request.*

Para realizar búsquedas:

- Acceder al URL de la documentación en Postman o un navegador.
- Ir al *endpoint* del componente del *backend* (Buscar).
- Copiar y pegar la información requerida en Postman, proporcionando el texto correspondiente al título del proyecto o al nombre del usuario en el campo de búsqueda, iniciando sesión primero.
- Ejecutar el *request.*

Para visualizar los proyectos en colaboración, el usuario debe realizar lo siguiente:

- Acceder al URL de la documentación en Postman o un navegador.
- Ir al *endpoint* del componente del *backend* (Proyectos colaborador).
- Copiar y pegar la información necesaria en Postman, iniciando sesión primero.
- Ejecutar el *request.*

Resultado deseado:

El usuario accede a los distintos *endpoints* para visualizar todos los proyectos, realizar búsqueda y visualizar los proyectos en colaboración en los que este colaborando.

Evaluación de la prueba:

El usuario queda satisfecho con el resultado obtenido al 100%

Tabla 22: Prueba de aceptación 7, Visualizar resumen de estado de los proyectos

PRUEBA DE ACEPTACIÓN	
Identificador (ID): PA-007	**Identificador de historia de Usuario:** HU-007
Nombre: Visualizar resumen de estado de los proyectos	
Descripción: El usuario tiene el acceso al siguiente *endpoint* para: • Visualizar el resumen de estado de los proyectos propios.	

Pasos de ejecución:
Para visualizar las estadísticas de los proyectos propios el usuario debe realizar lo siguiente: • Acceder al URL de la documentación en Postman o un navegador. • Dirigirse al *endpoint* del componente del *backend* (Estadísticas). • Copiar y pegar la información necesaria en Postman, iniciando sesión primero. • Ejecutar el *request.*
Resultado deseado:
El usuario accede al *endpoint* que muestra un resumen del estado de los proyectos propios.
Evaluación de la prueba:
El usuario queda satisfecho con el resultado obtenido al 100%

Tabla 23: Prueba de aceptación 8, Aceptar o rechazar solicitud o invitación de nuevo colaborador

	PRUEBA DE ACEPTACIÓN
Identificador (ID): PA-008	**Identificador de historia de Usuario:** HU-008
Nombre de historia: Aceptar o rechazar solicitud o invitación de nuevo colaborador	
Descripción:	
El usuario tiene el acceso al siguiente *endpoint* para: • Aceptar invitación. • Rechazar invitación. • Aceptar solicitud. • Rechazar solicitud.	

Pasos de ejecución:

Para aceptar la invitación a un proyecto el usuario debe realizar lo siguiente:

- Acceder al URL de la documentación en Postman o un navegador.
- Dirigirse al *endpoint* del componente del *backend* (Aceptar invitación).
- Copiar y pegar la información necesaria en Postman, proporcionando el ID de la notificación.
- Iniciar sesión primero.
- Ejecutar el *request.*

Para rechazar la invitación el usuario debe realizar lo siguiente:

- Acceder al URL de la documentación en Postman o un navegador.
- Dirigirse al *endpoint* del componente del *backend* (Rechazar invitación).
- Copiar y pegar la información necesaria en Postman, proporcionando el ID de la notificación.
- Iniciar sesión primero.
- Ejecutar el *request.*

Para aceptar la solicitud a un proyecto el usuario debe realizar lo siguiente:

- Acceder al URL de la documentación en Postman o un navegador.
- Dirigirse al *endpoint* del componente del *backend* (Aceptar solicitud).
- Copiar y pegar la información necesaria en Postman, proporcionando el ID de la notificación.
- Iniciar sesión primero.
- Ejecutar el *request.*

Para rechazar la solicitud a un proyecto el usuario debe realizar lo siguiente:

- Acceder al URL de la documentación en Postman o un navegador.
- Dirigirse al *endpoint* del componente del *backend* (Rechazar solicitud).
- Copiar y pegar la información necesaria en Postman, proporcionando el ID de la notificación.
- Iniciar sesión primero.
- Ejecutar el *request.*

Resultado deseado:

El usuario accede a los *endpoints* para aceptar o rechazar ya sea la solicitud o invitación.

Evaluación de la prueba:
El usuario queda satisfecho con el resultado obtenido al 100%

Tabla 24: Prueba de aceptación 9, Gestionar colaboradores

PRUEBA DE ACEPTACIÓN	
Identificador (ID): PA-009	**Identificador de historia de Usuario:** HU-009
Nombre: Gestionar colaboradores.	
Descripción: El usuario puede acceder a los siguientes *endpoints*: • Agregar colaboradores. • Eliminar colaborador. • Asignar los permisos por defecto. • Visualizar el perfil de cada colaborador. • Visualizar a los colaboradores. • Solicitar colaborar en un proyecto.	
Pasos de ejecución: Para agregar colaboradores se debe de seguir lo siguiente: • Acceder al URL de la documentación en Postman o un navegador. • Ir al *endpoint* del componente del *backend* (Invitar colaborador proyecto). • Copiar y pegar la información necesaria en Postman, indicando el ID del proyecto y el ID del usuario como colaborador. • Iniciar sesión primero. • Ejecutar el *request*.	

Para eliminar un colaborador de un proyecto se debe de seguir lo siguiente:

- Acceder al URL de la documentación en Postman o un navegador.
- Ir al *endpoint* del componente del *backend* (Eliminar colaborador).
- Copiar y pegar la información necesaria en Postman, indicando el ID del proyecto y el ID del usuario como colaborador.
- Iniciar sesión primero.
- Ejecutar el *request.*

Para visualizar el perfil del usuario como colaborador se debe de seguir lo siguiente:

- Acceder al URL de la documentación en Postman o un navegador.
- Ir al *endpoint* del componente del *backend* (Perfil).
- Copiar y pegar la información necesaria en Postman, indicando el ID del usuario.
- Iniciar sesión primero.
- Ejecutar el *request.*

Para ver los colaboradores de un proyecto el usuario debe de seguir lo siguiente:

- Acceder al URL de la documentación en Postman o un navegador.
- Ir al *endpoint* del componente del *backend* (Proyecto).
- Copiar y pegar la información necesaria en Postman, indicando el ID del proyecto.
- Iniciar sesión primero.
- Ejecutar el *request.*

Para solicitar colaborar en un proyecto el usuario debe de seguir lo siguiente:

- Acceder al URL de la documentación en Postman o un navegador.
- Ir al *endpoint* del componente del *backend* (Solicitud colaborador).
- Copiar y pegar la información necesaria en Postman, indicando el ID del proyecto.
- Iniciar sesión primero.
- Ejecutar el *request.*

Resultado deseado:

El usuario accede a los *endpoints* respectivos para agregar colaboradores, eliminar colaboradores, visualizar el perfil del colaborador y los colaboradores asociados al proyecto.

Evaluación de la prueba:

El usuario queda satisfecho con el resultado obtenido al 100%

Tabla 25: Prueba de aceptación 10, Visualizar perfiles de usuarios

	PRUEBA DE ACEPTACIÓN
Identificador (ID): PA-010	**Identificador de historia de Usuario:** HU-010
Nombre: Visualizar perfiles de usuarios	
Descripción: El usuario tiene el acceso al siguiente *endpoint* para: • Visualizar perfiles de usuario.	
Pasos de ejecución: Para visualizar el perfil del usuario se debe de seguir lo siguiente: • Acceder al URL de la documentación en Postman o un navegador. • Ir al *endpoint* del componente del *backend* (Perfil). • Copiar y pegar la información necesaria en Postman, indicando el ID del usuario. • Iniciar sesión primero. • Ejecutar el *request.*	
Resultado deseado: El usuario accede al *endpoint* para visualizar perfiles de usuario.	
Evaluación de la prueba: El usuario queda satisfecho con el resultado obtenido al 100%	

Tabla 26: Prueba de aceptación 11, Editar proyecto en colaboración (si tiene los permisos)

	PRUEBA DE ACEPTACIÓN
Identificador (ID): PA-011	**Identificador de historia de Usuario:** HU-011
Nombre: Editar proyecto en colaboración (si tiene los permisos)	
Descripción: El usuario tiene el acceso al siguiente *endpoint* para: • Editar proyecto en colaboración (si tiene los permisos).	

Pasos de ejecución:

Para editar proyecto en colaboración (si tiene los permisos) se debe de seguir lo siguiente:

- Acceder al URL de la documentación en Postman o un navegador.
- Ir al *endpoint* del componente del *backend* (Editar proyectl).
- Copiar y pegar la información necesaria en Postman, indicando el ID del usuario.
- Ejecutar el *request.*

Resultado deseado:

El usuario accede al *endpoint* para editar proyecto en colaboración.

Evaluación de la prueba:

El usuario queda satisfecho con el resultado obtenido al 100%

Tabla 27: Prueba de aceptación 12, Visualizar y eliminar todos los proyectos y usuarios - Administrador

	PRUEBA DE ACEPTACIÓN
Identificador (ID): PA-012	**Identificador de historia de Usuario:** HU-012

Nombre: Visualizar y eliminar todos los proyectos y usuarios

Descripción:

El administrador tiene acceso a los *endpoints* siguientes:

- Listar y eliminar los usuarios.
- Listar y eliminar los proyectos.

Pasos de ejecución:

Para listar los usuarios se debe de seguir lo siguiente:

- Acceder al URL de la documentación en *Postman* o un navegador.
- Ir al *endpoint* del componente del *backend* (Listar usuarios).
- Copiar y pegar la información necesaria en *Postman.*
- Iniciar sesión primero.
- Ejecutar el *request.*

Para eliminar un usuario de un proyecto se debe de seguir lo siguiente:

- Acceder al URL de la documentación en *Postman* o un navegador.
- Ir al *endpoint* del componente del *backend* (Eliminar usuario).

- Copiar y pegar la información necesaria en *Postman*, indicando el ID del usuario a eliminar.
- Iniciar sesión primero.
- Ejecutar el *request.*

Para listar los proyectos se debe de seguir lo siguiente:

- Acceder al URL de la documentación en *Postman* o un navegador.
- Ir al *endpoint* del componente del *backend* (Proyectos).
- Copiar y pegar la información necesaria en *Postman*.
- Iniciar sesión primero.
- Ejecutar el *request.*

Para eliminar un proyecto de un proyecto se debe de seguir lo siguiente:

- Acceder al URL de la documentación en *Postman* o un navegador.
- Ir al *endpoint* del componente del *backend* (Eliminar proyecto).
- Copiar y pegar la información necesaria en *Postman*, indicando el ID del proyecto a eliminar.
- Iniciar sesión primero.
- Ejecutar el *request.*

Resultado deseado:

El Administrador accede a los respectivos *endpoints* para listar y eliminar los proyecto y usuarios.

Evaluación de la prueba:

El usuario queda satisfecho con el resultado obtenido al 100%

ANEXO III

A continuación, en el siguiente URL se puede acceder al Manual de Usuario del componente *backend*:

https://www.youtube.com/watch?v=FZ-iY2if-bw

En el video se explica de formar clara y sencilla para entender las funcionalidades del *backend*.

ANEXO IV

A continuación, se proporcionan las credenciales para acceder a los distintos *endpoints* desarrollados por parte del *backend,* así como el url del repositorio alojando en GitHub en el cual contiene todo el código fuente y también los pasos de instalación que se detallan en el repositorio principal el archivo README.

Credenciales de usuarios

Para poder acceder a los distintos *endpoints* del *backend* se necesitan credenciales, a su vez se puede registrar utilizando el *endpoint* para la acción. Sin embargo, se proporcionan las siguientes cuentas:

Cuenta Usuario Administrador:

- Correo: gestionproyectos972@gmail.com
- Contraseña: 123456789

Cuenta Usuario General 1:

- Correo: danny.vinueza@epn.edu.ec
- Contraseña: 123456789

Cuenta Usuario General 2:

- Correo: joel.tates@epn.edu.ec
- Contraseña: 123456789J&

URL para acceder al *backend*

El URL para acceder al *backend* en producción es el siguiente:

https://gestion-proyectos-gamma.Vercel.app

Repositorio del *backend*

El proyecto del componente *backend,* todo el código fuente se aloja en un repositorio de GitHub, el cual se puede acceder siguiendo la siguiente url:

https://github.com/DannyVinueza/Gestion_Proyectos

Documentación Postman

Para realizar la documentación se utilizó Postman, así se podrá comprender el uso de cada *endpoint* que dispone el *backend*, en el siguiente enlace se puede acceder:

https://documenter.getpostman.com/view/26764278/2s9YkjB3ck

Printed by Books on Demand GmbH, Norderstedt / Germany